ニュースが報じない神社の闇

神社本庁・神社をめぐる政治と権力、そして金

「リテラ」神社問題取材班

花伝社

ニュースが報じない神社の闇——神社本庁・神社をめぐる政治と権力、そして金◆目次

第3章　神社本庁の強権支配

第4章　神社本庁、日本会議と改憲運動

第5章　神社本庁と戦前回帰、そしてヘイト

はじめに

この数年、神社をめぐる不祥事が続発している。２０１７年には、全国約８万社を包括する宗教法人・神社本庁をめぐる不正土地取引疑惑が明らかになり、富岡八幡宮では女性宮司が弟に惨殺されるという事件が起きた。そして、２０１８年には靖国神社の宮司が「今上陛下は靖国神社を潰そうとしている」と天皇を批判するような発言をして辞任に追い込まれている。

だが、これらは起こるべくして起きた事件と言っていいだろう。初詣、七五三、夏祭り、秋祭りなど、宗教施設を超えて大衆の生活に根付いた存在となっている神社だが、近年、一部の幹部によって、極右思想に支配された政治団体としての性格がエスカレートし、利権と金あさりに明け暮れる体質が蔓延しているのだ。

それを象徴していたのが、２０１６年の正月、都内の神社にこんなのぼり旗がたなびく光景だった。

「憲法は私たちのもの」

「誇りある日本をめざして」

そう、境内で、初詣客をターゲットに改憲に賛同する署名集めが行われていたのである。これは、日本最大の保守系団体「日本会議」が実質的に事務局を担う改憲運動に、神社が協力したものだった。

昨今、安倍晋三政権との親和性から注目を浴びている日本会議の前身が、「日本を守る会」(1974年設立)と「日本を守る国民会議」(1981年設立)という、ふたつの草の根右派団体であることは周知の通り。後者の日本を守る国民会議は元号法制化や紀元節復活運動の流れを汲むが、その源流のひとつとして位置づけられるのが、前述した宗教法人「神社本庁」である。

神社本庁は、戦前、国家神道を推進した神祇院の後継組織として、1946年に設立された。しかし、その目的は明らかに、国体と国家神道思想の温存にあった。

宗教学の権威・村上重良はその著書『国家神道』(岩波新書)でこう書いている。

〈神社本庁は、庁規に『神宮ハ神社ノ本宗トシ本庁之ヲ輔翼ス』(第六十一条)とかかげ、伊勢神宮を中心に、全神社が結集するという基本構想に立って設立された。これは、国家神道の延長線上で、神社神道を宗教として存続させようとするものであった。〉

〈神社本庁の設立によって、国家神道時代の天皇中心の国体と神社の中央集権的編成は、形を

変えただけで基本的存続することになった。〉

そして、1960年代に入ると、神社本庁は国家神道復活の動きを強め、1969年に神道政治連盟、1970年に神道政治連盟国会議員懇談会を設立する。以来、神社本庁は、戦前回帰的目標を掲げ、日本会議と緊密に連携しながら、運動に協力してきた。自主憲法の制定、靖国神社での国家儀礼の確立、道徳・宗教教育の推進、東京裁判と侵略戦争の否定、A級戦犯の擁護、夫婦別姓反対、ジェンダーフリー反対、皇室と日本の文化伝統の尊重……。

とはいえ、数年前までは、境内で改憲署名を集めるような露骨さはなかった。神社本庁じたいは一貫して政治的主張を掲げていたが、個別の神社に政治運動への参加を強制するようなことはほとんどなかった。

だが、神社本庁が現在の田中恆清総長（石清水八幡宮宮司）体制になり、そのあと、第二次安倍政権が発足すると、政権との癒着、カルト的な戦前回帰志向が徐々にエスカレート。さらに、それと軌を一にするように、多くの神社で金儲け主義がはびこるようになり、それにともなったトラブルや事件が頻発するようになった。

本書は、近年、この神社界を舞台に頻発した〝事件〟の裏側に迫り、その不正を生み出す構造を分析しようと試みたものである。また、神社本庁が掲げる右派思想とファナティックな運動との関係性、さらに伊勢志摩サミットや、ここ数年、閣僚らが公然と擁護している「教育勅語」の欺瞞などについても、右派運動の文脈からその本質に迫りたいと考えている。

安倍首相と神社本庁、日本会議らが〝悲願〟とする改憲は、目前まで迫っている。本書がその潮流の背景を読み解く一助となれば幸いだ。

第1章

靖国神社の不穏な動き

1　仰天！　靖国神社宮司の天皇批判

前代未聞、靖国宮司が天皇皇后の〝慰霊の旅〟を全否定

日本を狂気の戦争に駆り立てた国家神道や軍国主義の象徴であり、いまも、天皇主義者や戦前復活をもくろむ右派勢力の精神的支柱となっている靖国神社。ところが、そんな神社のトップの口から衝撃的な天皇批判が飛び出した。

「陛下が一生懸命、慰霊の旅をすればするほど靖国神社は遠ざかっていくんだよ。そう思わん？　どこを慰霊の旅で訪れようが、そこには御霊はないだろう？」

「はっきり言えば、今上陛下は靖国神社を潰そうとしてるんだよ。わかるか？」

発言の主は、靖国神社の小堀邦夫宮司。2018年6月20日、靖国神社の社務所会議室で行われた「第1回教学研究委員会定例会議」でのことだった。〝天皇の神社〟といってもいい靖国神社のトップが天皇皇后夫妻の生涯をかけた取り組みである〝慰霊の旅〟を全面否定し、「靖国神社を潰そうとしている」などと敵対勢力扱いするとは、唖然とするほかはない。

しかも、小堀宮司は皇太子夫妻に対しても、「（天皇陛下が）御在位中に一度も親拝なさらなかったら、今の皇太子さんが新帝に就かれて参拝されるか？　新しく皇后になる彼女（皇太

子妃雅子さま）は神社神道大嫌いだよ。来るか？」「皇太子さまはそれに輪をかけてきますよ。どういうふうになるのか僕も予測できない。少なくとも温かくなることはない。靖国さんに対して」と批判的に言及したという。

この事実をスクープしたのは、『週刊ポスト』（小学館／２０１８年10月12・19日号）だったが、当初、小堀宮司は『週刊ポスト』の直撃に対して「何も知らないですよ」などと誤魔化していた。だが、録音された音声が動画で公開されており、靖国宮司が天皇を猛烈に批判したことは明らかだった。

しかも、この発言は酒席の放言などではなく、神社職員の理論武装を強化し、天皇の靖国参拝を実現させる策を練るために始めたという、教学研究委員会での説教の一部だったとされている。

前述したように、靖国神社は戦前・戦中の皇室を頂点とする国家神道の中枢であり、いわば「天皇の神社」だ。そのトップである宮司が、天皇の〝慰霊の旅〟を全面否定し、「靖国神社を潰そうとしている」と批判したのだから、普通ならただですむとは思えない。

神社関係者によれば、神職の間でも「小堀さんはわかっていない」「神道の慰霊は様々な場所で行われるものだ」「靖国のことしか考えていないのか」などの反発の声があがっており、大きな波紋を広げていたという。当然、保守系言論人を巻き込む一大騒動に発展するものと思われた。

ところが、である。この『週刊ポスト』のスクープから一週間が経った段階でも、反応したのはネットニュースなどのごく一部のメディアだけだった。一般紙が後追いするのは、靖国神社が10月10日、小堀氏が宮内庁を訪れて陳謝し、宮司退任の意向を伝えたとの報道向け文書を出した翌日朝刊のことである。

辞任した小堀元宮司が『文藝春秋』で漏らした本音

結局、天皇批判発言をした小堀氏は2018年10月26日に責任をとって靖国神社宮司を辞任した。だが、〝天皇批判〟発言の背景にあった靖国神社の天皇への苛立ち、敵愾心はいまもくすぶり続けている。

それは小堀氏が宮司退任後、『文藝春秋』(文藝春秋)12月号に寄稿した「靖国神社は危機にある」と題された手記を読めば明らかだ。小堀氏は例の発言について、〈あくまでも神社内の研究会かぎりのこととして話したものでしたが、報道された言葉をそれだけ取り上げたら一〇〇%私が悪い。天皇陛下に対して不敬な言葉遣いだったことは心から反省しています〉と謝罪した。だが一方で、小堀氏は靖国神社を〈もともとは国のため、天皇陛下のために命を落とした人を国がお祀りするための神社〉などと説明したうえで、こう続けている。

〈それなのに天皇陛下はさまざまな事情からお越しになられない。その事情は私もよく承知しているつもりですが、この不自然な状況を続けるのはよくないと考えていました。陛下には在位中に少なくとも一回は来てくださらないとおかしいではないかという思いがずっと胸を去りませんでした。〉

ようするに、小堀氏は「一〇〇％私が悪い」「天皇陛下に対して不敬な言葉遣い」などと反省のポーズをみせたものの、明仁天皇が、即位してから一度も靖国を参拝していないことについてあいかわらず「おかしいではないか」と攻撃をしているのだ。

富田メモに残された「昭和天皇が靖国神社に参拝しない理由」

しかし、明仁天皇が即位して一度たりとも靖国神社を参拝しなかったのは、昭和天皇の意志を引き継ぐものであり、当然の姿勢と言えるだろう。

周知の通り昭和天皇は、1975年の親拝を最後に、靖国参拝を行わなかった。その直接の原因は、1978年に松平永芳宮司（第6代）が行ったA級戦犯合祀に、昭和天皇が強い不快感を持ったためだ。

実際、日経新聞が2006年7月20日付朝刊でスクープした通称「富田メモ」には、その心情が克明に記されていた。当時、昭和天皇の側近であった元宮内庁長官・富田朝彦氏が遺した

1988年4月28日のメモの記述である。

〈私は　或る時に、A級が合祀されその上　松岡、白取までもが、筑波は慎重に対処してくれたと聞いたが　松平の子の今の宮司がどう考えたのか　易々と　松平は平和に強い考があったと思うのに　親の心子知らずと思っている　だから私　あれ以来参拝していない　それが私の心だ〉

「松岡」というのは国際連盟からの脱退で知られる近衛文麿内閣の外相・松岡洋右。「白取」とは松岡とともに日独伊三国同盟を主導した元駐イタリア大使の白鳥敏夫のことをさす。両者とも戦後にA級戦犯として東京裁判にかけられたが、昭和天皇がわざわざ「その上」と言っているように、この「あれ以来参拝していない　それが私の心」は、松平宮司による14名のA級戦犯合祀そのものにかかっていることは自明だ。

この富田メモは2014年に完成した『昭和天皇実録』にも明記されている。

ところが当時、「富田メモ」の発表で大混乱に陥り、驚くべき言説を繰り返したのが右派勢力、とりわけ、現在の安倍晋三首相を支える極右応援団の面々だった。いま、あらためてそのご都合主義に満ちた反応を振り返ってみたい。

「昭和天皇の思い」を攻撃・無視した極右文化人たちのご都合主義

たとえば、ジャーナリストの櫻井よしこ氏はその典型だ。『週刊新潮』（新潮社）の連載で〈そもそも富田メモはどれだけ信頼出来るのか〉（２００６年８月３日号）とその資料価値を疑い、さらにその翌週には、３枚目のメモの冒頭に「63・４・28」「Press の会見」とあることを指摘、〈４月28日には昭和天皇は会見されていない〉〈富田氏が書きとめた言葉の主が、万が一、昭和天皇ではない別人だったとすれば、日経の報道は世紀の誤報になる。日経の社運にも関わる深刻なことだ〉（２００６年８月10日号）と騒ぎ立てた。

しかし、実際には「63・４・28」というのは富田氏が昭和天皇と会った日付であって、「Press の会見」はそのときに昭和天皇が４月25日の会見について語ったという意味だ。ようするに、櫻井氏は資料の基本的な読解すらかなぐり捨てて、富田メモを「世紀の誤報」扱いしていたわけである。いかに、彼らにとって、このA級戦犯の靖国合祀に拒否感を示した昭和天皇の発言が〝邪魔〟だったかが透けて見える。

もっとも、本性をさらけ出したのは櫻井氏だけではなかった。たとえば百地章氏、高橋史朗氏、大原康男氏、江崎道朗氏ら日本会議周辺は、自分たちの天皇利用を棚上げして「富田メモは天皇の政治利用だ！」と大合唱。埼玉大学名誉教授の長谷川三千子氏は〈これ自体は、大袈裟に騒ぎたてるべき問題では全くありません〉〈ただ単純に、富田某なる元宮内庁長官の不用意、不見識を示す出来事であって、それ以上でもそれ以下でもない〉（『Ｖｏｉｃｅ』２００６年９月号／ＰＨＰ研究所）、東京大学名誉教授の小堀桂一郎氏は〈無視して早く世の忘却に委ねる方がよい〉（『正論』２００６年10月号／産経新聞社）などとのたまった。

また、麗澤大学教授の八木秀次氏も、富田メモについて〈この種のものは墓場までもっていくものであり、世に出るものではなかったのではあるまいか〉とうっちゃりながら、〈首相は戦没者に対する感謝・顕彰・追悼・慰霊を行うべく参拝すべきであり、今上天皇にもご親拝をお願いしたい〉（『Ｖｏｉｃｅ』２００６年９月号）などと逆に天皇に靖国参拝を「要請」する始末。

いったい彼らは天皇をなんだと思っているのかと改めて訊きたくなるが、なかでも傑作だったのは、長谷川氏、八木氏と並んで〝安倍晋三のブレーン〟のひとりと取り沙汰される中西輝政・京都大学名誉教授だ。中西氏はどういうわけか、この富田メモを同年７月５日の北朝鮮のミサイル発射、そして安倍晋三が勝利することになる９月20日の自民党総裁選に結びつけて、こんな「陰謀論」までぶちまけていた。

〈いずれにせよ「七月五日」と「七月二十日」（引用者注：富田メモ報道）に飛び出したこの二つの「飛翔体」は、確実に「八月十五日」と「九月二十日」に標準を合わせて発射されているることだけは間違いなく、それぞれの射程を詳しく検証してゆけば、それらが深く「一つのも

の」であることが明らかになってくるはずである。〉（『諸君！』２００６年9月号／文藝春秋）

こうした「保守論壇」の反応は、保守派の近現代史家である秦郁彦氏をして〈「多くの人は、見たいと欲する現実しか見ない」（ユリウス・カエサル）という警句を思い出した〉〈はからずも富田メモをめぐる論議は、一種の「踏み絵」効果を露呈した〉（『靖国神社の祭神たち』新潮社）と言わしめたが、結局のところ、昭和天皇が側近にこぼした言葉を〝北朝鮮のミサイル〟と同列に扱う神経をみてもわかるように、「富田メモ」が明らかにしたのは、昭和天皇のＡ級戦犯合祀への嫌悪感だけではなかった。

つまり、普段、天皇主義者の面をして復古的なタカ派言論をぶちまくっている右派の面々たちは、ひとたび天皇が自分たちの意にそぐわないとわかると、平然と〝逆賊〟の正体をむき出しにし、やれ「誤報だ」「無視しろ」「まるでミサイル」などと罵倒しにかかる。そのグロテスクなまでの政治的ご都合主義こそが、彼らの本質であること暴いたのだ。

戊辰戦争の〝賊軍合祀〟を主張して辞任に追い込まれた前任の徳川宮司

事実、こうした自称「保守」による反天皇的反応が見られたのは「富田メモ」の一件だけではない。明仁天皇が２０１３年の誕生日に際した会見で日本国憲法を「平和と民主主義を、守るべき大切なものとして、日本国憲法を作り、様々な改革を行って、今日の日本を築きました」と最大限に評価したときも、八木氏は〈両陛下のご発言が、安倍内閣が進めようとしている憲法改正への懸念の表明のように国民に受け止められかねない〉〈宮内庁のマネジメントはどうなっているのか〉（『正論』２０１４年5月号）と攻撃した。

また、２０１６年の生前退位に関する議論のなかでも、安倍首相が有識者会議に送り込んだとも言われる平川祐弘東大名誉教授は「ご自分で定義された天皇の役割、拡大された役割を絶対的条件にして、それを果たせないから退位したいというのは、ちょっとおかしいのではないか」と天皇を「おかしい」とまで言い切った。

実はこうした姿勢は、今回、〝天皇批判〟発言で辞任した小堀邦夫・靖国神社前宮司にも通じている。前出『文藝春秋』での手記のなかで小堀氏は、天皇の靖国参拝を実現させるための「戦略」として、靖国神社の展示施設「遊就館」の刷新をあげていた。小堀氏いわく、〈遊就館の展示の内容を全面的にリニューアルし、博物館並みの施設に改め、その記念式典に陛下をお招きする。そして遊就館にお越しになった〝ついで〟として靖国神社に足を延ばしていただくという方法〉だという。手段を問わず、なにがなんでも「天皇の靖国参拝」を実現することこそが重要で、天皇個人の意思や国民世論などは二の次だという考え方が透けて見える。

ようは、既成事実をこしらえてしまえば慣例化するとの発想だろう。小堀氏は〈二百四十六万六千七百七十柱（平成二十九年度）の神霊は、勅使の派遣に感謝こそすれ、やはり陛下のお参りをお迎えしたいはずです〉などと、さも「英霊」の気持ちを代弁するかのように記しているが、それを「ついで」に実現させようとは矛盾にもほどがあるのではないか。

いや、そもそも靖国神社という空間自体が、極めて政治的矛盾に満ちたものである。事実、靖国神社に祀られている「英霊」とは、戦前の大日本帝国の都合から選ばれたものであり、たとえば数十万人にも及ぶ空襲や原爆の死者などの戦災者は一切祀られていない。〝靖国派〟は「世界平和を祈念する宗教施設でもある」とするが、実際には、靖国神社を参拝するということは、先の大戦に対する反省や、多くの国民を犠牲にした贖罪を伴った行為とは真逆なのである。

靖国の起源は、戊辰戦争での戦没者を弔うために建立された東京招魂社だが、この時に合祀されたのは「官軍」側の戦死者だけであり、明治新政府らと対峙し「賊軍」とされた者たちは一切祀られていない。そのご都合主義的な明治政府の神聖化、国家神道復活の野望は、靖国の人事にもあらわれている。

小堀前宮司の前任者である徳川康久元宮司は、2018年2月末、5年以上もの任期を残して異例の退任をした。表向きは「一身上の都合」だが、〝賊軍合祀〟に前向きな発言をしたことが原因というのが衆目の一致するところだ。徳川前宮司は徳川家の末裔で、いわば「賊軍」側の人間であった。徳川氏は、靖国神社の元禰宜で、神道政治連盟の事務局長などを歴任した宮澤佳廣氏らから名指しで批判され、結果、靖国の宮司を追われたのである。

その後任に送り込まれたのが、伊勢神宮でキャリアを積んだ小堀氏というわけだが、複数の神社関係者によると、小堀氏を直接推したのはJR東海の葛西敬之会長だという。

葛西会長といえば、安倍首相の最大の後ろ盾といわれる財界の実力者で、ゴリゴリの改憲右派として知られている。そんな人物に推挙された宮司が直接的な天皇批判まで口にしたというのは、おそらく偶然ではない。

靖国神社がたんなる慰霊施設でなく、〝国家のために命を捧げる国民〟を新たに作り出す装置であることは以前からだが、その戦前回帰イデオロギーは安倍政権によってさらにエスカレートしている。宮司の天皇批判はそのことを象徴する事件だったといっていいだろう。

金のため「みたままつり」の露店を復活させた靖国

ただし、靖国神社宮司が天皇批判まで口にするほど、天皇の靖国参拝にこだわるのは、単なるイデオロギーの問題だけではない。戦争世代・遺族の減少によって寄付金等の右肩下がりが止まらない靖国にとって、「天皇親拝」の実現は、もっと直接的な意味で〝生き残り〟をかけた最重要課題でもあった。

靖国神社は徳川宮司時代の2015年、夏の「みたままつり」での露店出店を取りやめた。

徳川氏は「若者の境内でのマナーの悪さ」「静かで秩序ある参拝をしてほしい」などを理由に挙げていたが、実際、祭りに際した暴行や痴漢などの性的被害なども靖国内部で報告されていたという。露店出店を取りやめた結果、参拝客が激減したのだが、その消えた露店が、小堀氏が宮司となった2018年に復活している。そのことからも彼らの本音がうかがえよう。

徳川宮司批判の急先鋒であった元靖国神社禰宜・宮澤佳廣氏は、当時、靖国の総務部長として露店中止に強く反対していた。著書『靖国神社が消える日』（小学館）では〈将来の靖国を支える若者の教化という観点に立てば、あれほど多くの若者を集め、しかも「平和を求める施設であることをアピールするためにはじめられたこの試みは、大きな成功をおさめた」とまで評価されていたみたままつりを活用する方が、はるかに合理的で生産的でした〉と書いている。ものは言いようだろう。しかし、実際は、靖国神社が喉から手が出るほど欲しがっているのは、信仰に繋がる卑近な〝PRとゼニ〟なのだ。

煎じ詰めれば、A級戦犯が合祀されている靖国ではなく、各地で亡くなった戦争犠牲者を分け隔てなく慰霊する、それこそが平成の天皇の責務だと自覚した明仁天皇の在り方は、国家神道的イデオロギーの復活を目論む集団から見て、あるいは今後の先細りを宿命づけられた靖国神社という宗教法人にとって、まさしく「不敬」をはばからず攻撃したくなる〝目の上のたんこぶ〟なのだろう。

だが、それは所詮、八つ当たりでしかない。気鋭の政治学者である白井聡は、山中恒の著書『「靖国神社」問答』(小学館)の解説文のなかで、靖国の歴史的欺瞞の分析を踏まえたうえで、こう提言していた。

〈してみれば、われわれが目指すべきは靖国の「自然死」である。多くの人が、靖国の原理を理解すること——すなわち、そこには普遍化できる大義がないことを知り、「勝てば官軍」の矮小な原理を負けた後にも放置しながら、あの戦争の犠牲者たちに真の意味で尊厳を与えるための施設としては致命的に出来損ないであり続けているという事実を知ること——がなされるならば、誰もがこの神社を見捨てるであろう。〉

靖国神社と靖国至上主義を叫ぶ右派勢力は天皇を攻撃する前に、まず、自分たちの姿勢を考え直すべきだろう。

2　靖国神社〝職員有志〟のグロテスクな本音

「陛下の首に縄をつけて……」〝靖国職員有志〟を名乗るサイトのとんでもない中身

辞任問題にまで発展した小堀前宮司の〝天皇批判〟だが、こうした靖国内部の問題発言は、実は氷山の一角なのかもしれない。この騒動のさなか、「靖国神社職員有志の主張」と題されたウェブサイトが一部で注目を集めていた。そこで展開されている〝過激な主張〟が物議を醸したのだ。

２０１３年12月に開設されたとみられるサイト「靖国神社職員有志の主張」（以下、「靖国職員」）は、その名称のとおり、〈靖国神社職員の有志〉による運営を名乗りながら、靖国をめぐる見解を赤裸々に表明している。

〈終戦後、私たちのこの神社とその思想等についてさまざまな意見が出ています。しかし靖国神社当局からはそれらの世論に対して、めったにコメントをしません。このような神社当局の対応に、私たち職員有志は非常に歯がゆいものを感じ続けてきました。そこで、このサイトにて私たち靖国神社に従事する者の考えを述べさせていただこうと決意した次第です〉（同サイト「はじめに」より）

ようするに、靖国神社の存在が長年、国内外で問題化してきた一方、靖国当局はほとんど見解を公にしないので、かわりに〝職員有志〟が靖国のスタンスを公言すると謳っているわけだが、これが、読んでみると仰天。そこには、小堀宮司の「陛下が一生懸命、慰霊の旅をすればするほど靖国神社は遠ざかっていくんだよ」と同等か、それ以上の〝暴言〟書き連ねてあったのだ。

たとえば「靖国職員」は2018年10月4日、今回の小堀宮司の〝天皇批判〟についてコメントを出しているのだが、〈小堀邦夫宮司以下私たち靖国神社職員は、天皇陛下のご意向を尊重します〉としつつも、こんな内心をぶちまけている。

〈ただし私たちの宗教的信条まで曲げるつもりはありません。

「戦犯分祀」だとか「戦没者の冥福を祈る」だとか「先の大戦は間違っていた」などという思想は、仮にそれが陛下のご意向だとしても、従うつもりはありません。

これを曲げたら靖国神社が靖国神社でなくなってしまうではありませんか。〉（同「小堀邦夫新宮司の考えについて職員有志よりコメント」より）

〝靖国職員有志〟が「靖国は戦没者の冥福を祈る場所でない」と主張

「陛下のご意向」ですら「従うつもりはない」というのは、小堀宮司の舌禍事件にも通じるが、一方で「靖国職員」はこうも述べている。

〈小堀宮司も、親拝を拒む陛下の首に縄をつけて当神社まで引っ張ってくるような考えは持っていません。陛下のご意向をないがしろにするような考えは毛頭ありません。陛下の戦争跡地行幸を批判するかのような報道がなされたようですが、おそらく何かの間違いではないでしょうか。〉（同）

実際の音声が表沙汰になったものを「何かの間違い」と言い張るのもおかしいが、加えて驚いたのは、否定のためとはいえ、「陛下の首に縄をつけて当神社まで引っ張ってくる」という表現を使っていたことだ。もし、新聞や週刊誌が天皇に対してこんな表現を用いたら、右翼から直ちに「不敬だ」と糾弾され、最悪の場合テロの標的にすらなりかねないだろう。それを神社関係者が使うとは……。

いや、それはともかくとしてもだ。「靖国職員」を読んで驚くのは、小堀宮司舌禍事件に関する声明だけではない。

サイトでは歴史認識や靖国の位置付けについての見解が述べられているのだが、そこには、マスコミが外交問題として扱いがちな靖国をめぐる問題の〝本質〟が、グロテスクなまでにダダ漏れになっているのである。

たとえば「靖国神社は追悼施設ではない」と題して、こんな文章が書かれている。

〈私たちの靖国神社は、追悼施設ではありません。

戦没者の冥福を祈る場所ではありません。

靖国神社は、戦没者を神様として崇め、すがるための場所なのです。

こちらが救ってやるのではありません。参拝者は救っていただく立場なのです。〉

これは、右派政治家がこれまで靖国参拝を正当化するために強弁してきた「靖国神社は戦死した方々を追悼して平和を祈念する施設」なる言い分と真っ向から対立するものだ。

たとえば、安倍首相も自民党幹事長代理時代の2005年、小泉純一郎首相の靖国参拝を支持する「平和を願い真の国益を考え靖国神社参拝を支持する若手国会議員の会」の発起人となり、第二次政権以降も自らの靖国参拝について、「国のために戦い倒れた方々のために手を合わせ、御冥福をお祈りをする、尊崇の念を表するのはリーダーとして当然のこと」「戦没者を追悼する、そして不戦の誓いをする、そういう意味において参拝をした」（2014年3月12日参院予算委員会）などと説明してきた。

「冥福を祈る」はおこがましい、そんな気持ちの人間は参拝するな、と暴言

ところが、「靖国職員」に言わせれば、そもそも〈靖国神社は「追悼施設」ではない〉し、ましてや〈戦没者の冥福を祈る場所ではありません〉という。どういうことか。同サイトはこ

う続けている。

〈靖国神社には、中心となる一体だけの主神は、ありません。多数の戦没者が皆、神様なのです。死してなお国を守り続ける、護国の英霊なのです。

この神様方に対して、参拝者の立場で「冥福を祈ってやる」だとは、おこがましいにもほどがあります。（中略）

神様方に対して、こういう傲慢な気持ちで臨むつもりの人は、どうか参拝をご遠慮ください。〉

実に挑発的な物言いではあるが、実のところ、安倍首相らが嘯《うそぶ》く「靖国参拝は冥福を祈り不戦を誓うもの」との建前よりも、この「靖国職員」の主張のほうが圧倒的に靖国の本質を言い当てている。

実際、リテラでも繰り返し指摘してきたとおり、靖国神社は戦争で亡くなったすべての人々を祀っているわけではない。軍人や軍属、準軍属などを、当事者や遺族の宗教観・死生観に関係なく「護国の英霊」と称して神格化しているのである。

だいたい、靖国はその成立からして、大多数の神社とはまったく異なる。一般的な神社神道のように、共同体における自然的・慣習的信仰から生まれたのではなく、明治政府が天皇を頂点とする国家神道を道具だてとし、軍隊に駆りたてられた国民の死を顕彰するため、人為的につくりあげた政治的な施設だからだ。

たとえば、祀られる対象をとってみても、前述した「英霊」のように極めて多数（246万6000以上）を祭神とする神社は他になく、まして戦前は陸軍省と海軍省の管轄に置かれたことからも、靖国が一般の神社神道からかけ離れた〝特殊施設〟であることは明らかだろう。

しかも、その「英霊」の概念自体、実際には、明治新政府以来の大日本帝国によって御都合主義的に選ばれたものでしかない。事実、明治新政府軍と抗戦し「賊軍」とされた人々や、西南戦争で「反逆者」とされた西郷隆盛などはもちろん、先の戦争での数十万人にも及ぶ空襲や原爆の死者など戦災者も一切祀られていないのが事実だ。

大東亜戦争について日本国家には一切謝罪も反省も必要ない、と宣言

その意味では、靖国神社はまさにサイト「職員有志」が言うように、戦没者＝戦死した軍人軍属を神として崇めるところであり、その冥福を祈る場所ではないのだ。〝冥福を祈るぐらいなら参拝に来るな〟との物言いも、この神社の本質を考えれば、むしろ当然というべきだろう。

しかも、「職員有志」があらわにした靖国の本音はこれだけではない。靖国神社に祀られている「英霊」がどう決められているのか、そのグロテスクな〝基準〟についてもあけすけに語っている。

サイト内の「大東亜戦争に関わる英霊について」と題された項目では、まず、〈大東亜戦争は、欧米列強によるアジア植民地支配からの解放を成し遂げるための、正義の戦いでした〉と主張した上で〈当神社に祀られている英霊は、この尊い偉業に命を捧げた方々です〉と定義。さらにこう続けている。

〈私たちとしてはこの正義の戦いである大東亜戦争について、日本国家には一切謝罪も反省も必要ないと考えています。

一切の戦争責任を負う必要ないと考えています。

「侵略戦争」だなどとは言いがかりも甚だしいというものです。

もちろん、敵国による茶番劇であるあの「東京裁判」なんぞは一切認めません。

これが私たち職員有志の考えです。〉

あの戦争を堂々と肯定し、その加害事実をめぐる責任・反省・謝罪の不要をがなりたてるファナティックぶりは目眩がしてくるほどだが、逆に言えば、これこそが靖国神社を支える思想的骨格に他ならないだろう。

すなわち、「靖国職員」の言うように、靖国神社は「お国のために死ぬ」国民だけが〝崇高な神〟としてまつられる。その価値観じたいが本質なのである。言い換えると靖国神社は日本の侵略を「正義の戦争」として全面肯定することを前提に成り立っているのだ。

それはとりもなおさず、侵略や東京裁判の否認する安倍首相ら右派の価値観に通じる。靖国参拝が「不戦の誓い」や「平和のため」になるとの言い分が、いかにありえず、嘘っぱちであるかがお分かりいただけるだろう。

靖国神社に「靖国職員有志」サイトの内容に対する見解を直撃！

サイト「靖国職員」は、「まとめ」のページで〈このサイトは靖国神社の公式サイトではありません。職員の有志がその本音を主張するために開設したものです。したがって、ここで述べた主張は靖国神社としての公式見解ではありません〉とエクスキューズしているが、他方で〈しかし大筋においてはあまり変わるものではないと確信しています〉と続け〈このサイトの内容の是非について靖国神社当局に問い合わせをなされたら、おそらく当局は決して否定も反対もせず、黙認する（黙して認める）ことでしょう〉と自信満々に宣言している。

そこで、リテラは２０１８年10月15日、靖国神社に対し、小堀宮司の辞任とウェブサイト「靖国神社職員有志の主張」にかんする質問状を送付した。問うたのは同サイトに対する認識や関与や、本稿で取り上げた「職員有志」の主張の数々に対する靖国神社としての見解を求める全８項目。同神社広報課は「秋季例大祭の諸準備対応」のため多忙とのことで返答には１週間以上が費やされたが、24日付で送られてきた回答文書は、以下のものだった。

〈お問い合わせを戴き、神社にて当サイトの存在を確認しましたが、当社職員の関与につきましては判りかねます。

靖國神社職員有志を名乗りウェブサイトを通じて世に訴えかけるという手段につきましては、多くの人の誤解を招く恐れがあり、誠に遺憾に存じます。

また、当サイトは神社公式のウェブサイトではなく、掲載されている内容は当神社の見解ではございません。あくまで運営者による意見であり、その他のサイト同様に神社がそれらに対してコメントすることは控えさせていただきます。

また当サイトには10月4日付にて当神社小堀宮司に関する文書が掲載されていますが、小堀宮司に関する神社の公式な発表は、10月10日に報道関係へお伝えしました内容のみです。〉

本サイトは靖国神社に対し「靖国神社職員有志の主張」へ実際に靖国神社の職員が関与しているかどうかについての内部調査の有無と予定、および同サイト運営者に対する抗議の有無とその予定についても尋ねていたのだが、これには「関与については判りかねます」とするだけで、事実上、回答しなかった。

「靖国職員」サイトの暴論を否定しなかった靖国神社……新体制の今後は？

結局、靖国神社は「靖国神社職員」を名乗りウェブサイトで意見を発信するという「手段」

については「遺憾」としたが、その主張に対しては一切否定も反対もしなかった。同サイトが〈おそらく当局は決して否定も反対もせず、黙認するでしょう〉と予言していたとおりになったといっていいだろう。

ウェブサイト「靖国神社職員有志の主張」の実際の運営主体については、現段階ではまだ断定できないが、靖国神社のこうした態度をみるかぎり、同サイトがかなり力をもった内部関係者によって運営されている可能性は否定できない。また、そうでなかったとしても、その内容が靖国神社の本音に近いことは間違いないだろう。だからこそ、靖国神社はこのサイトに抗議することも、その見解を否定することもできないのではないか。

靖国神社は２０１８年10月26日に行った総代会で、小堀宮司の辞任を正式に決定した。後任には、靖国神社で総務部長やナンバー2の権宮司を歴任した山口建史氏（皇學館常務理事）が就任。山口氏は昭和天皇がA級戦犯合祀に嫌悪感を示していた通称「富田メモ」報道の際、権宮司として対応を指揮したひとりだ。

小堀前宮司による〝天皇批判〟は波紋を広げた。しかし、あらためて考えなくてはならないのは、この極めて特殊な施設が「お国のために死ぬ」国民だけを神格化しているという本質をもっていることだろう。それは、日本の戦争を正当化し、国民を戦地へ駆り出させようとするシステムそのものなのだ。

集団的自衛権の行使容認など、安倍政権によって「戦争のできる国」へと邁進するなか、必ずや「戦死自衛官の靖国合祀論」も高まってくる。靖国問題は、過去に向かれたものではない。現在の私たち自身の、そして次の世代の命運をも左右する喫緊の問題なのである。

自称〝靖国職員有志〟が批判の声に「いやなら来るな!!」と逆ギレ反論

ちなみに、前述の靖国神社との質問状でのやり取りも含め、サイト「靖国神社職員有志の主張」にかんする記事をリテラで2018年10月28日に公開したのだが、その後、「靖国神社職員有志の主張」は11月10日付で「『首に縄つけて』発言について」と題した新たなコメントを公表した。それはやはり、極めて挑発的な内容だった。

「靖国職員有志」は、〈10月04日付けのコメント中、「陛下の首に縄をつけて当神社まで引っ張ってくるような」いう文言が一部で話題になっているようです〉として、〈世の中には読解力のない人が意外と多いものだと驚いています〉〈小堀前宮司以下私たちは、そういうことは企てていないし考えてもいない、と言っているのです〉〈これでどうして非難されなければならないのでしょうか?〉〈また一方では「不敬罪」などという、とっくの昔に廃止された罪状を持ち出して私たちを非難する輩まで出る始末です。ばかばかしくって話になりません〉などと怒りをあらわにした。そして、わざわざ強調するために大きく赤い文字にして、こう記したのだった。

〈いやなら来るな!!〉

「靖国職員有志」がリテラの記事を読んで反応したのか、あるいは衆目を集めたことで右翼団体などから〝抗議〟などが出たのか、もしくは靖国神社当局から連絡があったのか。それは定かではないが、それにしても「いやなら来るな!!」とは「いったい何様なのか」と言われても仕方がない。いずれにしても、「靖国職員有志」に従えば、靖国神社は公共に開かれた空間ではなく、身勝手な論理がまかりとおる極めて排他的な空間ということになるだろう。

第2章

神社本庁とカネ

1　神社本庁の不動産不正取引疑惑と職員の内部告発

神社本庁で森友問題そっくりの疑惑の不動産取引！

森友学園問題では、汚いカネ儲けに走る右派勢力の実態が次々と露見したが、そんななか、あの神社本庁を中心に、「神社界の森友問題」と呼ばれる疑惑が浮上した。ダイヤモンド社のウェブサイト「ダイヤモンド・オンライン」が２０１７年6月21日付で「神社本庁で不可解な不動産取引、刑事告訴も飛び出す大騒動勃発」と題してスクープしたものだ。

神社本庁とは、戦前の内務省神祇院を前身とする全国約8万社の神社を包括する宗教法人だ。「庁」を名乗るが官公庁ではない。現在は日本最大の保守団体・日本会議らと連携して、改憲推進をはじめとする右派運動を展開している。また神社本庁の政治団体である神道政治連盟は、選挙でも自民党の有村治子・元女性活躍担当相らを推薦し当選させてきた。関連する議員連盟（神道政治連盟国会議員懇談会）の会長は安倍晋三首相である。

問題は、神社本庁が所有する不動産が、典型的な〝土地転がし〟で不可解なまでに安く売り叩かれていたことに端を発する。

概略はこうだ。２０１５年、神奈川県川崎市にある神社本庁所有の職員用宿舎「百合丘職舎」が、東京都新宿区の不動産会社「ディンプル・インターナショナル」（以下、ディンプル社）へ、1億8400万円で売却された。ディンプル社は売買契約日当日にこの宿舎を別の不動産会社A社に約2億1000万円で転売。そしてこのA社も翌年、大手ハウスメーカーB社にさらなる高額で転売していた。宿舎は最終的に3億円超の値がついたとみられている。つまり神社本庁は、本来3億円を超えるはずの所有不動産を、たったの6割程度の値段で売ってしまうという明らかな〝大損〟の取引を行ったのだ。

そして、この不動産取引をめぐって、極めて不可解な事実と、きな臭い関係性が浮上した。疑惑の中枢は、神社本庁が職員宿舎を安値で直接売却した相手であるディンプル社の存在だ。

実は、神社本庁の内規では、「やむを得ない事情」により基本財産を売却する際、原則として3者以上の競争入札に付す必要があるなど、厳しい制約がある。ところが、問題の宿舎は入札にかけられず、ディンプル社に随意契約で売却された。しかも、ディンプル社はその土地を前述の通り、買値を大きく上回る金額で即日転売しているのだ。つまり、ディンプル社は明らかに特別待遇の土地取引を任された上、不動産を右から左に流すだけで、約3千万にのぼる差額の〝中抜き〟に成功したというわけである。

神社本庁内でこの職員用宿舎の売却案が出た当初は、大手信託銀行から3億円前後の評価を受け、実際に同様の額の買い取り額を提示する買い手がいたという指摘もあった。

にもかかわらず、なぜ、神社本庁はわざわざ名前もしられていない不動産会社を取引にかませ、自分たちの不動産の資産価値を損なう金額で売却し、その会社に大儲けさせたのか。

取材を進めていくと、その線上に、ディンプル社と神社本庁の〝特別な関係〟が浮かび上がってきたのだ。

3000万円を〝中抜き〟した会社は雑誌『皇室』の販売元と一体

ディンプル社は新宿の古いマンションの一室にオフィスを構える小さな会社だが、そのドアには並んで「日本メディア・ミックス」という会社の名前が掲げられている。日本メディア・ミックスは季刊誌『皇室 Our Imperial Family』という雑誌（以下『皇室』）の販売元である。『皇室』と聞いても、一般の人にはあまり馴染みがないかもしれないが、「日本で唯一の皇室関連のビジュアル誌」を謳う年4回発行の季刊誌で、皇室関係者や神社関係の間ではよく知られる、宮内庁お墨付きの〝皇室ファン雑誌〟である。

また、同誌は、フジ産経グループの扶桑社が発行元となっているが、「事実上は神社本庁が出しているようなもの」といわれている雑誌だ。実際、同誌の奥付には「企画　一般財団法人日本文化興隆財団」とあり、この日本文化興隆財団は神社本庁の外郭団体だ（かつては「国民精神研修財団」という名称だった）。

発行元の扶桑社の関係者に取材すると、こんな解説をしてくれた。

「『皇室』の発行元が扶桑社になっているのは書店販売のための表向きのことです。実際は日本文化振興財団が仕切っていて、扶桑社の編集部は財団から受諾して制作し、書店向け販売をしているにすぎません」

そして、その神社本庁の外郭団体が出す『皇室』の奥付に、創刊号から一貫して記されているのが日本メディア・ミックスという会社名だった。同社は、書店販売以外の直接販売や定期購読、バックナンバーの販売を担っているという。

つまり、神社本庁の不動産取引の中抜きで3千万円の利益を上げた会社は、神社本庁の外郭団体が仕切っている雑誌の販売を請け負っている会社と同居していたというわけだ。

しかも、このディンプル社とメディア・ミックス社は両社とも高橋恒雄という人物が社長を務めているのだが、神社関係者によれば、高橋社長はある〝神社界の大物〟と20年来の付き合いで〝昵懇の仲〟であるという。

その大物とは、神道政治連盟会長の打田文博氏だ。打田会長は、閣僚や官邸幹部、自民党幹部などとも直接面会を重ねており、神社界と政界をつなげるキーマンの一人と目されている人物。現在は本庁の役職に就いていないが、前述の日本文化興隆財団の理事のひとりであり、かつて同財団が所有する渋谷の土地を売却し、ディンプル社を通じて代々木にビルを購入した際にも財団側から関わっていたとされる。また、打田氏は神社本庁総長・田中恆清氏と〝一心同体〟といわれ、「本庁内で多大な影響力を持つ、事実上の2トップ」（神社関係者）という。

田中総長は2010年の就任以降、2期6年で退任するのが通例であるところを異例の3期目に入り、さらに4期目も視野に入れていると囁かれるなど、長らく実権を握る存在。ちなみに、神社本庁と関連が深い日本会議の副会長も務めている。

こうしたことから、この不可解な不動産取引にも、本庁上層部の意向が働いているのではないかという見方が浮上してきたのだ。

「疑惑の不動産不正取引」を告発した幹部職員が会見

こうした疑惑をリテラが取材・検証し、報道した3ヵ月後、事態は大きく動いた。神社本庁の元幹部がこの不動産不正取引にからむ告発会見を開いたのだ。

衆院選投票日直前の2017年10月17日、霞が関の司法記者クラブで会見を開いたのは、神社本庁の稲貴夫・元総合研究部長。稲元部長と瀬尾芳也・元教化広報部長は同日、神社本庁に対して懲戒処分の無効を求めて、東京地裁に提訴しており、会見はそのことを報告するものだった。同日、霞が関の司法記者クラブで稲元総合研究部長が弁護士とともに会見を開いたのだ。総合研究部長といえば、神社神道の研究や神職の研修などを統括する要職。教化広報部長も本庁の広報の要をになう立場だ。いったい何があったのか。

「提訴は決して私の本意ではございません。しかしながら、一日も早く元の職場に戻りたいという思いと、そして現在、こうした形で神社のことが話題になってしまうことは、全国の神社をお守りしている神職の方々をはじめ神社関係者の方々に申し訳ないことではあるのですが、これを契機に神社本庁の正常化、再生のきっかけになってほしいという思いで、今回提訴に踏み切りました」

稲元部長は会見でこう語ったが、問題は稲氏らが懲戒処分を受けた理由だった。稲氏らは勤務態度に問題があったわけでも、部下や同僚に対してなにか不当な行為を働いたわけでもない。

2人が処分されたのは、件の不動産不正取引疑惑について、本庁内部で疑義を呈したためだった。その行為が、職員就業規則の懲戒条項に抵触するとして、神社本庁は稲総合研究部長に解雇処分を、瀬尾教化広報部長に降格減給処分を下したのである。

総合研究部長が役員に渡した不動産不正取引の告発文書

まさに、組織ぐるみの不正のにおいがぷんぷんしてくるが、そのきな臭さは、稲総合研究部長らが懲戒処分を受けた経緯を聞くと、ますます濃厚になってくる。

神社本庁の職員宿舎売却については、2016年の春ごろから、神社界でも問題になっていた。不正を糾弾する複数の匿名文書が出回り、そのなかには上層部の関与を疑うものもあったという。そして、２０１６年5月23日には、当時の松山文彦理事が「不透明な売買による損失」を問題視するなど、評議員会や役員会でも取り上げられた。

稲氏が行動を起こしたのはそのあとだった。全国の神社からの浄財である神社本庁の財産がこのような状況でよいのかという思いから、問題提起をする〝檄文〟を書き、本庁役員２名に渡したのだという。「檄」と題されたその文章からは、稲氏がどのような理由で〝告発〟にいたったかが浮かび上がってくる。

〈檄――己自身と同僚及び諸先輩方を叱咤し、決起と奮起を求める。

本年五月、神社本庁役員会における松山理事（当時）の発言を通して明るみとなつた百合ヶ丘職舎売却をめぐる疑惑は、その後、五月、十月の定例評議員会で関連の質疑等がなされたものの、単なる事務手続き上の問題に関はるやり取りに終始し、関係者に疑念を残したまま葬り去られようとしてゐる。（中略）

私は本事件に関する内情を知る者であり、この事態を黙つて見過ごすことは道義上許されるものではないと自覚し、この「檄」を認めるに至つたのである。それ故にまづ、私自身が斯界関係者、そして何ら経費の支弁もなく職舎からの転居を余儀なくされた若手職員の方々にお詫びするものである。（中略）

役員会での松山理事の発言を踏まえてこれまでの経緯を概観すれば、百合ヶ丘職舎売却が役職員（元役職員を含む）の絡んだ背任行為であることは明白である。そして私がそれに気づかぬまま追従してしまったことは慚愧に堪へない。その不覚を恥ぢるとともに、疑惑の当事者達に対して、声を大にして問ひ質したい。

何が危機管理だ！　何が緊急事態に備へるだ！　今現在が本庁設立七十年の歴史の中で最大の危機ではないか！　本事件を主導した者たちよ恥を知れ！　それでも瑕疵はなかつたと主張するなら、細かな事実関係をすべて説明しろ！

（中略）

かうした状況を異常事態と言わずして何を異常事態と言はむや。この事態をこのまま見過ごすことがあるとするなら、神社本庁設立以来七十年の間、今日の基礎を積み上げられてこられた幾多の先人の方々に全く申し訳がたたない。〉

疑惑解明を求める職員に幹部から圧力

檄文が批判した「危機管理」「緊急事態に備える」という言葉は、宿舎売却にあたって神社本庁上層部が繰り返したお題目だったという。しかし、そのあまりに不可解な取引の経緯に疑問を持った稲氏らは、檄文にあるように、これを神社本庁設立以来の異常事態として、同僚や関係者に「正常化」を訴えたのだった。稲氏は2017年10月の会見でこう語った。

「昨年5月の評議員会、あるいは役員会で、百合丘職舎売却に疑惑があるんじゃないかという問題提起がされながら、神社本庁執行部がその隠蔽を図ろうとしているということ。それから百合丘職舎のディンプル・インターナショナルへの売却は当時の瀬尾財政部長が、いろんな圧力を受けてそういう決定をしたわけなんですけど、疑惑が浮上してくるとその責任を瀬尾財政部長ひとりに負わせようとする動きが明らかになってきたものですから、こうなった以上は役員のみなさんに、言葉ではなかなか理解いただけない内部の状況も含めて、私が文章にしたためて、当時の小串（和夫）副総長と理事ひとりに提出をしたという経緯でございます」

実は、稲部長とともに懲戒処分を受けた瀬尾教化広報部長は、問題の不動産取引が行われた当時、財政部長で、取引の担当者の一人でもあった。そのため神社本庁内部では、疑惑が明るみに出ると、瀬尾部長に責任を押し付ける動きが出てきたのだという。しかし、瀬尾部長が職員宿舎のディンプル社への売却を進めたのは、上層部からの圧力によって取引を強要された結果だったというのだ。

実際、われわれが取材した神社本庁関係者もこんな証言をしていた。

「匿名文書にも書かれていたことですが、瀬尾さんは、打田さんと主従関係にある複数の幹部職員からディンプル社への売却を急《せ》かされるようなことを言われていたようだ。本庁のある中堅職員が彼に『早く売却先を決めろ！（ディンプル社の）高橋社長が怒っているぞ』ということを言って追い詰めたという話もある。しかも、後になってこの中堅職員は『そのように言ったのは、実は打田さんに頼まれたからなんだ』と漏らしていたというのです」

つまり、稲部長は、当時の担当者である瀬尾部長がトカゲの尻尾切りにされてしまわないよう、役員に真相の解明を求める提案をしたということのようだ。さらに、当の瀬尾部長もこの不正取引に利用されたとの怒りから、圧力について内部で証言を始めていた。稲氏は会見で、不在だった瀬尾氏に代わってこう説明している。

「瀬尾さん自身も、自分が責任を負わされそうになりましたけど、それは違うと。いろんな圧力を当時受けて、随意契約という方針を当時示したんだ、と。ただ、そういう主張がなかなか受け入れてもらえない。なので、それは違うということを部長会等の会議で主張しました」

その結果、２０１７年3月になって、ようやく神社本庁内部で不動産取引の調査委員会が設置された。委員会は、稲氏から檄文を受け取った小串副総長が中心となったという。

だが、委員会設置の事実は外部には一切秘密にされ、一方で稲氏、瀬尾氏には神社本庁上層部から「さまざまな嫌がらせ」（神社本庁関係者）が加えられ、稲氏は謹慎処分に。瀬尾氏はディンプル社の高橋社長から脅迫ともとれる言辞を浴びせられたり、神道政治連盟の打田氏、神社本庁の田中総長に呼び出されて、圧力をかけられていたとされる。

調査委員会の責任者だった神社本庁副総長が突然の辞任

結局、疑惑解明の動きも信じがたい幕引きを迎えることになる。２０１７年７月には調査委員会が「売買契約が不当だったとまでは言えない」という趣旨の結論を出して、疑惑の職員宿舎売却はおとがめもなしにしてしまったのだ。そして８月には、前述したように、稲総合研究部長が懲戒解雇、瀬尾教化広報部長に降格減給という懲戒処分が下されたのである。

稲部長の懲戒理由は、「思い込みによって事実に反する情報を流布し、神社界の信用を傷つけた」等というもの。瀬尾教化広報部長の懲戒理由も、不正な不動産売却を担当したことではなく、反対に、彼が後日に売買価格や取引先の選定について疑義を呈したことで「業務を混乱させた、職場秩序を乱した」等が理由だという。

言っておくが、この２人は、今回の不正な不動産取引疑惑をめぐって、あくまで組織の自浄作用を期待して内部で問題提起したにすぎない。そうした職員を、逆に「神社界の信用を傷つけた」などとして懲戒処分にするというのは、どう考えても筋が通らない。２人が処分取り消しを求めて裁判を提訴するのも当然ではあるまいか。

しかもこの懲戒処分は、逆に、今回の疑惑が神社本庁という組織ぐるみで行われたものであり、上層部が深く関わっている疑惑を一層強めたとも言えるだろう。その経緯を見ると、不動産取引の真相を明るみに出されてはまずいと考え、２人の〝口封じ〟をしたのではとの疑念が浮かんでくるからだ。

さらに、この幕引きにはもうひとつ不可解なことがある。神社本庁が設置した調査委員会が2017年7月にこの不動産取引を「問題なし」と結論付けたことは先に述べたが、驚くことにその直後、稲部長の檄文を受け取り調査委員会の責任者となった小串副総長が、辞表を提出し、8月末には副総長を辞任しているのだ。神社本庁関係者はこう語る。

「小串副総長の辞任は本庁内でも波紋を広げている。田中総長は〝檄文〟を小串副総長が受け取ったことなどに対する〝引責〟のように言っています。ですが、神社界では別の見方も根強い。それは、今回の騒動と〝その根の存在〟を重くみた小串氏が、田中総長に対する〝抗議〟として辞任したのではないか、というものです。事実、副総長が病気などの理由以外で任期途中に辞めるなんてことは、神社本庁の71年の歴史で初めてだと思います。それだけ異例の辞任だったんです」

神社本庁「疑惑は払拭された」の嘘、隠されていた報告書の中身とは

不可解な不動産取引に、神社本庁職員2名への不当としか思えない懲戒処分、そして副総長の異例の辞任――。処分の不当性については司法の場で争われることになったが、裁判のなかでは具体的な証言や不可解な新事実が次々と明らかになっていった。

たとえば、前述したように、瀬尾氏は問題の不動産取引に財務部長として関わっていたのだが、原告側によれば当初、瀬尾氏は職舎をできる限り高い値段で売ろうとの考えから、大手信託銀行に仲介を頼んで複数の買い手を見つける方針を検討していた。ところが、打田会長の〝腹心〟とされる当時の総務部長・O氏から「銀行や不動産屋が仲介する方法では2、3年先になる。別の方法を考えるように」と指示された。さらに、打田会長の元部下である当時の総務課長からも「ディンプルの高橋社長が怒っている。早くしてくださいよ」と急かされたという。しかも、のちになってこの総務課長は、ディンプル社と契約させようとする発言は打田会長からの伝言であったことを、瀬尾氏に対して認めたというのだ。

被告・神社本庁側は、総務課長の発言を否認するとともに打田氏の関与も否定しているが、他にも、瀬尾氏は田中総長からの直接の圧力も証言している。訴状などによると、瀬尾氏は前述のディンプルへの随意契約の話が出てきたことで、売却方針の変更について田中総長に相談。すると、田中総長は「ディンプルの高橋さんに任せといたらええんや」と告げたという（被告の神社本庁側は田中総長の発言は「ディンプルも見積り業者に加えてあげたらどうか」という内容だったと主張）。

このように、裁判では、先に紹介した神社本庁関係者の証言を裏付ける話の輪郭が明らかになっていった。同時に、調査委員会による報告書の問題点も浮上する。

前述したとおり、この調査報告書は問題の不動産売却を適法かつ適正と結論づけたもので、神社本庁側はこれを根拠に、「檄文で告発された疑惑などないことは明白」「疑念は払拭された」などと主張していた。ところが、裁判資料として提出された調査報告書を精査してみると、冒頭から、関係者の提出資料やヒアリング対象者の証言が正確であるかどうかを保証していないことや、調査対象が限定的であることなど、いくつものエクスキューズが並べられていたのだ。さらにはこんな文言まで出てくる。

〈本調査は、百合丘職舎売却の妥当性に関する調査であり、疑惑を指摘する文書に対する回答ではない。よって、疑惑を指摘する文書の内容に答える内容とはなっておらず、百合丘職舎売却の妥当性判断の範囲外の事柄については、調査の対象とはしない〉

つまり、神社本庁側は原告・稲氏が疑惑を告発した檄文の内容を否定し、調査報告書によって「疑念は払拭された」としてきたが、実際には、報告書は檄文の内容を否定するものでなく、むしろ最初から「疑惑を指摘する文書に対する回答ではない」と言い訳していたのだ。

しかも、裁判は2018年12月現在、弁論準備手続を中心に進められているが、そのなかで調査委員会側は、原告側が求めている調査報告書の元になった資料の提出を「プライバシー保護」を理由に拒否したという。これでは、不動産売却は妥当との神社本庁側の結論の客観的検証は極めて困難になってしまうだろう。

２０１８年9月7日、霞が関の司法記者クラブで行われた原告側による裁判の中間発表記者会見のなかで、稲氏はこのように訴えた。

「少なくとも告発文書をつくって役員2名に渡した時点で、私は百合丘職舎売却にあたって背任行為があったことは確実であろうと思っておりました。そのなかにおいて相変わらず隠蔽行為が続いている」

「神社本庁が現在のような状況であることは、非常にゆゆしきことです。もし、私が神社本庁に戻ることがあれば、そのときは正常化のために力を尽くしていきたいと考えています」

本稿を執筆した２０１９年2月時点で、神社本庁をめぐる未曾有の異常事態は、まったく終結の目処がたっていない。

2　不正疑惑の責任をとらない神社本庁・田中恆清総長

神社本庁の田中恆清総長が辞意——原因は不動産不正取引疑惑！

所有の不動産取引をめぐって、どうみても不自然な取引実態が発覚し、幹部の関与を追及する内部告発までが飛び出した神社本庁。普通の組織なら、上層部の責任問題に発展するのは必至だと思うが、この組織はそうではないらしい。

神社本庁では、事務方トップで、不動産取引にも関与が指摘されている田中恆清総長が今も総長の椅子に居座り続けているのだ。

実は、田中総長は一時、辞意を表明していた。不動産不正取引を告発した2人の元職員が神社本庁を相手に訴訟を起こしてから10ヵ月後、2018年9月11日に行われた役員会でのことだった。

神社本庁の機関紙的専門紙「神社新報」によれば、田中総長は11日の神社本庁の役員会で「これ以上、皆さんがたからいろんな意味で暗に批判されるようなことは耐えられません」「私は今日で総長を引かせていただきます」と言って辞意を示したという。「暗に批判されるようなこと」というのが前述の神社本庁の不動産不正取引疑惑のことだ。

「9月の役員会での田中総長の辞意発言のきっかけは、まさに、理事のひとりから裁判の和解について提案されたからでした。役員会での議論は数時間に及び、結果、田中総長が怒りまじりに『それなら私がやめる』というふうに言い出したのです」(神社本庁関係者)

また、「田中総長辞任の意向」は、全国紙の朝日新聞も2018年9月17日付東京朝刊で報じた。〈全国8万の神社を傘下におく宗教法人「神社本庁」(東京)事務方トップの田中恒清総長(74)が11日の理事会で、総長を辞任する意向を表明したことが同庁関係者の話でわかった。

総長を指名する立場の鷹司尚武統理は受け入れる方針。近く理事会が開かれ、次期総長について協議する見込み。

田中氏は石清水八幡宮（京都府八幡市）の宮司で、２０１０年に総長に就任し、総長３期目。現在は日本会議の副会長も務める。神社本庁では職員宿舎の売却が問題化。解明を訴えた幹部職員２人が懲戒処分になり、一部の理事から総長への批判が出ていた。〉

しかし、われわれ取材班は、こうした報道と裏腹に、次第に雲行きが怪しくなっていくのを感じていた。

というのも、朝日の報道があった３日後の９月20日、神社本庁に取材したところ、同庁教化広報センターは、役員会のなかで田中総長の口から辞意の言葉があった事実こそ認めたものの、「一方で田中は『自分一人だけの判断で決められるものではない』とも申しております。20日現在では辞表は提出されておりません」と回答。機関紙的なメディアや全国紙までが大々的に「辞任の意向」と報じたにもかかわらず、続投に含みを持たせていたからだ。

また、複数の神社関係者からは「田中総長は一旦、辞意を表明したものの、周囲から説得されている。もしかしたら翻意する可能性がある」などの情報も寄せられていた。

田中総長が辞意を撤回して居直り!

その後、事態は懸念通りの展開をみせた。10月9日になって田中総長が「辞意を撤回した」との情報が飛び込んできたのだ。

「本日10月9日、田中総長の辞任を否定する通知が関係各所に送付されました。各地の神社庁の長宛てに本庁総務部長の名で出された正式な文書です。今月3日に顧問と長老が出席した臨時役員会で、田中総長が9月の役員会での発言を説明したうえで今後も総長に留まることになったようです」(都内神社の神職)

神社本庁の「顧問」といえば主に総長経験者、「長老」は副総長以下の経験者のことを指す、いわばOBの名誉職だ。この神職によれば、文書には「本件について一部事実誤認とも言える報道が先行している」「憶測等による無用の混乱を避けるものである」との釘を刺す文言が添えられていたという。

実際、われわれは問題の「役員会の議事内容に関する報道について」と題された通知文書の現物を入手したが、そこには確かにこう記されていた。

〈神社本庁と致しましては、内容の重要性に鑑み、十月三日に臨時役員会を開催し、顧問長老にもご出席戴き総長の前回の役員会における発言の趣旨を説明し、今後も総長の職務を全うすることと、当該訴訟の対応方針に変更が無いことが了承されました。

本件について一部の事実誤認とも言へる報道が先行してゐる状況を踏まへ、憶測等による無用の混乱を避けるため、特にお伝へするものでありますので、ご理解の程宜しくお願ひ申し上げます。〉

辞任によってドミノ式に数々の疑惑が発覚することを恐れた上層部

神社本庁は田中総長の〝辞意報道〟を「事実誤認」などというが、田中総長が9月11日の役員会で「辞意」を表明したのは、神社本庁も公式に認めた事実である。不可解なのは、なぜ一度は役員会で辞意を示した田中総長が、ここにきて続投を明言し、顧問・長老がそれを応援したのか、だ。

神社社本庁で勃発した不動産問題と本庁上層部の疑惑についてはこれまで述べてきたとおりだが、その裁判のなかで、田中総長や「その盟友で実質的ツートップ」（神社関係者）といわれる神道政治連盟・打田文博会長の息のかかった職員などによる圧力発言の存在（神社本庁側は否定）、稲氏らの処分の根拠となった第三者委員会の調査報告が極めて不可解なものであった事実などが次々浮かび上がっており、追及の手が伸びていったところで、9月の田中総長による辞意表明という流れだった。

しかし、辞意を固めたはずだった田中総長は一転、続投を決めた。

「田中総長は、側近職員らから、辞意を取り消すよう強く説得されていたようです。通知文書にも、田中総長が今後もその職務をまっとうするとともに、係争方針にも変更はない旨が記されています。裏では打田さんの意向があったとも噂されていますが、少なくとも田中総長が辞任することで、不動産問題だけでなく、ドミノ的に数々の疑惑がクローズアップされ、責任が波及していくことを恐れたのではないでしょうか」（神社関係者）

いずれにしても、田中総長の辞意撤回には、何か大きな力が働いていると思わざるを得ない。そして、この流れのなか、今度はついに神社界の〝象徴的存在〟である統理と田中総長との〝対立〟が表面化するのである。

〝神社界の象徴〟である統理が田中総長を叱責

「統理」というのは、神社本庁において名目上の最上位に位置する役職。神社関係者は「総長が事務方のトップで最高権力者、統理は象徴的なトップで最高権威」と説明する。

統理には代々、旧皇族や旧華族が就くのがもっぱらで、現在の鷹司尚武氏はＮＥＣ通信システム社長や神社本庁が「本宗」とする伊勢神宮の大宮司などを歴任し、２０１８年５月に統理に就任。五摂家（藤原氏嫡流で関白になれる資格を有した名家）のひとつ鷹司家の28代目当主にして、明仁天皇の「義理の甥」という、神社界では〝やんごとなきお方〟である。

その鷹司統理が、２０１８年10月、辞意を翻した田中総長について、異例の苦言を呈したのだ。

「私としてはあくまで九月十一日の発言を真摯に受け止めて尊重したいとふ気持ちで、それは今後も変わらない」

これは「神社新報」（10月22日付）の取材に対して鷹司統理が述べたもの。発言はこう続く。

「一般的には口頭での辞任の意思表示でも法的に有効とされるものであって、責任ある立場の者が朝令暮改のやうに前言を翻すことはあってはならない。とくに神職の世界ではそのやうなことはないものと信じてをり、いづれ然るべき時期に辞表の提出があるものと思ふ」

田中総長が「辞意」を翻したことに公然と苦言を呈し、正式な辞表提出を求めたかたちだ。神社本庁関係者は「こうした発言は異例中の異例。不動産疑惑など、近年の本庁を深く憂慮されていることの表れでしょう」という。実際、鷹司統理がここまで踏み込んだのは、田中総長の〝強権支配〟自体への不信感からとの情報もある。

『週刊文春』（２０１８年12月20日号、文藝春秋）「音声入手『本庁は歪んでいる』神社本庁トップ　天皇の甥が怒った」が、その〝怒りの肉声〟をレポートしている。『週刊文春』によれば、11月24日の役員会で鷹司統理は、20人弱の出席者を前にこう発言したというのだ。

「（辞意撤回の通達文について）文書を出すに当たって統理の了解を取ってないんですね。私は知らないんですよ。そういうのが出たっていうのを後から聞いてね……。（中略）総長の進退問題を扱っているにもかかわらず、統理に知らせなくていいんだっていうのが本当に不思議なんですね。本庁の決裁のメカニズムっていうのが、やっぱり歪んでいる」

支配を強める〝権力〟とそれを憂慮する〝権威〟が対立する状況は、まるで、第二次安倍政権と天皇・皇后ら皇室の関係を彷彿とさせるが、話はここで終わらない。なんと、こうした〝統理による総長批判〟の流れに対抗して、今度は、鷹司統理らを糾弾する〝怪文書〟までバラ撒かれだしたのだ。

ついに「天皇の甥」を非難する怪文書まで

われわれの手元に、その怪文書の一部がある。タイトルは「神社〝真〟報（第1回）」で全9ページ。言うまでもなく「神社新報」をもじったものだ。中身は、昨今の「神社新報」の報道姿勢を批判しながら、〈とにかく3期目に入った総長を蹴落としたい一部勢力が、統理を懐柔して策謀した〉などとし、鷹司統理を名指しして〈ルールを無視する〝暴走列車〟の「パワハラ」〉〈豹変できないなんちゃって元ビジネスマン〉〈「意見を先鋭化」し、「混乱」を導いているのはほかならぬ統理様〉などとバッシングを展開するもの。

この「神社〝真〟報」がいかなる人物によって作られたかは現段階では不明だが、複数の神職や神社本庁関係者に聞くと「クローズドな役員会での発言など、本庁内部の一部しか知ることができないことが書いてある」「よくある部外者の怪文書とは違って内容が詳細すぎる」などと漏らす。こうした点や怪文書の論調を考え合わせると、不動産不正取引疑惑追及の動きを潰し、田中総長を擁護したい神社本庁内部の関係者が作成した可能性が高いといっていいだろう。

いずれにしても、目下、神社本庁では不動産不正取引問題と元幹部職員からの訴訟をめぐって、一部理事たち＝反主流派と、田中総長周辺＝主流派の対立が深まっている。田中総長はこのままトップに居座るのか、それとも辞任に追い込まれるのか。

もっとも、今後、田中総長が辞任する事態になったとしても、それで問題が解決するわけではない。田中総長とともに「ツートップ」といわれてる打田文博・神道政治連盟会長の存在があるからだ。神社本庁の職員はこう話していた。

「打田会長は現在は本庁の幹部ではないですが、資金調達力や政治力が抜群で、本庁の陰のナンバー1と言える存在。田中総長が辞任しても、打田会長が居座り、その息がかかった人が次の総長になれば、事実上、いままでの体制と変わらないということになる」

3　日本レスリング協会と神社本庁の知られざる関係

パワハラ問題で陳謝した福田富昭レスリング協会会長も神社本庁の利権に

神社本庁が問題なのは、トップ人事の問題だけではない。不動産不正取引の核心部分が全く解明されていないことはもちろん、その不正取引も神社本庁をめぐる大きな疑惑の氷山の一角でしかないからだ。

また、神社本庁ビジネスの利権をめぐっては、田中総長以外にも何人かのキーマンの名前が取りざたされている。

そのひとりが、日本レスリング協会の会長である福田富昭氏だ。福田氏は15年以上にわたって日本レスリング協会会長をつとめる〝レスリング界のドン〟。いや、レスリング界だけでなく、ＪＯＣ副会長、北京オリンピック選手団長を務めるなど、〝スポーツ界の重鎮〟と言っていい存在だ。

だが、２０１８年、その福田会長が率いる日本レスリング協会で、栄和人強化本部長（当時）による伊調馨選手へのパワハラが発覚。福田会長も責任を追及され、陳謝する事態となった。福田会長は栄氏の後ろ盾であり、そのパワハラを容認していたとされる。内閣府に提出された告発状にはこんなくだりがある。

〈(伊調のコーチは) 2010年世界選手権のため、強化委員としてモスクワに遠征した際、栄和人理事 (中略) にホテルのロビーに呼び出され、以後伊調馨のコーチをしないようにときつく命じられた。福田富昭会長と高田裕司専務理事もこれを了解しているとのことであった〉(『週刊文春』2018年3月8日号より)

そんな福田会長だが、実は神社本庁のビジネスに深く食い込んでいた。本章の冒頭で、神社本庁が不動産を「ディンプル・インターナショナル」という不動産会社に異例の安値で売却し、そのディンプル社は、神社本庁の外郭団体が企画する季刊誌『皇室』の販売元である「日本メディア・ミックス」という会社と代表取締役、所在地が同じであることを指摘した。

ところが、この「日本メディア・ミックス」の創業者が、日本レスリング協会会長の福田富昭氏だったのだ。

神社本庁の不動産を転売した不動産会社と雑誌『皇室』の関係

繰り返しになるが、雑誌『皇室』と日本メディア・ミックス社の関係を説明しておこう。

『皇室』は「日本で唯一の皇室関連のビジュアル誌」を謳う年4回の発行の季刊誌。皇室関係者や神社関係の間ではよく知られる、宮内庁お墨付きの〝皇室ファン雑誌〟である。同誌は、フジサンケイグループの扶桑社が発行元となっているが、「事実上は神社本庁が出しているようなもの」（神社本庁関係者）。実際、同誌の奥付には「企画　一般財団法人日本文化興隆財団」とあり、この日本文化興隆財団は神社本庁の外郭団体だ（かつては「国民精神研修財団」という名称だった）。『皇室』に携わる扶桑社関係者もこう証言する。

「『皇室』の発行元が扶桑社になっているのは書店販売のための表向きのことです。実際は日本文化興隆財団が仕切っていて、扶桑社の編集部は財団から受諾して制作し、書店向け販売をしているにすぎません」

その神社本庁の外郭団体が出す『皇室』の奥付に、創刊号から一貫して記されているのが、書店販売以外の直接販売や定期購読、バックナンバーの販売を担っている日本メディア・ミックス社だ。そして同社が、神社本庁の不動産不正取引疑惑で〝転売〟を行なっていたディンプル社と同じ場所に本社を置き、同一人物が社長を務めていることは、1節で触れたとおりである。

民間信用調査機関のデータによると、日本メディア・ミックスの主な事業は、神社本庁及び日本文化興隆財団と企業の仲介ビジネスで、『皇室』などの出版仲介事業が全体の売上げ1億数千万円のうち6割を占めている。ちなみに『皇室』は1号あたり約7万部を発売しているというが、そのうちの9割は神社本庁に卸され、全国の神社に売られているという。そして、日本メディア・ミックスは手数料として、『皇室』などの売上げのうち数パーセントを日本文化興隆財団から受け取っているといわれる。

しかし、神社本庁の財団が、『皇室』の編集制作や書店販売を出版事業のノウハウを持つ扶桑社に委託しているのはわかるとしても、直販は自分たちの財団や関連団体でダイレクトに手がけたほうが利益があがるはず。それをわざわざ、別の民間の会社を間にかませるかたちにしているのは、いったいなぜなのか。

しかも、日本メディア・ミックスは前述したように、神社本庁の不動産を転売して利益をあげたディンプル社と同じ所在地にある、同じ人物が代表を務める会社だ。もしかしたら、日本メディア・ミックスが『皇室』の販売をするようになった経緯を検証すれば、ディンプル社と神社本庁の異常な不動産取引の裏側を解明できるのではないか。そう考えて、さらに取材を進めるなかで浮上したのが、日本レスリング協会会長の福田富昭氏の名前だった。

レスリング協会会長が関係する神社本庁ビジネス

福田富昭氏は、前述したように、日本レスリング協会会長のほか、日本オリンピック委員会（JOC）副会長や五輪の選手団長、総監督を務めるなど、スポーツ界の重鎮。

日本メディア・ミックスはもともと、この福田氏が代表取締役として１９９６年に設立した会社だった。現在は、高橋恒雄氏が代表取締役だが、高橋社長は、福田氏の日本大学レスリング部の後輩にあたる。また、高橋社長が日本メディア・ミックス代表取締役に就任する数年前には、現レスリング協会副会長（「協会の副会長選任の特例に関する内規による副会長」）の今泉雄策氏が代表取締役だった。

さらに、現在同社の取締役に名前をつらねている木名瀬重夫氏も同じく福田会長の日大の後輩で、日本レスリング協会所属のコーチ兼特定理事をつとめている。監査役の安達哲夫氏もやはり福田会長とともに会社を立ち上げた仲で、日本レスリング協会の顧問を務めていた時期があった。

福田氏は２０１７年取材時点でも、同社の20パーセントの株を持っているといわれていた。いずれにしても、日本メディア・ミックスの経営に福田氏が大きな影響力をもっているのは明らかなのだが、この福田氏、一方では、『皇室』の事実上の運営元である神社本庁の外郭団体、日本文化興隆財団の理事も長年務めていた（２０１８年に辞任）。

そして、１９９８年に同財団が『皇室』を出すようになった最初の段階から（当時は『わたしたちの皇室』というタイトルで、発売元は主婦と生活社）、日本メディア・ミックスが販売を請け負っていた。

つまり、福田氏は自分が理事を務める神社本庁系財団が出している雑誌を、自分が立ち上げて現在も深く関わる会社で販売させ、利益をあげてきたのだ。普通に考えれば、財団理事が持つ会社に財団の事業を取引させるというのは、利益相反行為にあたる可能性もあり、〝私物化〟の誹りを受けてもしかたがない。

だが逆に言うと、福田氏のそうした行為を神社本庁幹部らが黙認するほど、神社本庁に深く食い込んでいるということの証でもある。

福田氏の神社ビジネスへの関与疑惑はほかにもある。たとえば、日本文化興隆財団が近年力を入れている事業のひとつに「鎮守の森を守る自動販売機」なるものがあるのだが、財団のHPで事業協力企業の筆頭に記されているのが、飲料自販機大手のジャパンビバレッジだ。ジャパンビバレッジといえば、2018年8月、「クイズに不正解だと有給休暇を与えない」なるブラックパワハラメール問題で世間を騒がせたことが記憶に新しいが、福田氏はジャパンビバレッジの前身会社時代からある時期まで社長を務めていた。

また、財団の別の自販機設置事業では、ジャパンビバレッジでなく、『皇室』の販売元であるメディア・ミックス社が絡んで利益を上げているケースもあるようだ。

後ろ盾として神道政治連盟の打田文博会長の名前も

福田会長はいったいどういう経緯で神社本庁ビジネスに食い込んでいったのか。前述の「ダイヤモンドオンライン」も指摘していたが、福田氏は、神道界の大物と非常に親しい関係にあるといわれている。

その大物とは、本書でもなんども名前が登場している神道政治連盟の打田文博会長だ。打田会長は、現在は本庁の役職に就いていないが、「田中恆清総長と昵懇で事実上のツートップ」（神社本庁関係者）といわれる、本庁主流派の重鎮。神政連で長らく活動し、事務局長や幹事長などを歴任、会長にまで上り詰めた〝豪腕〟として知られる。先の戦争については「アジアの解放、自存自衛の戦いの面があったことも事実」（産経新聞１９９６年12月24日付）と主張するなど、ゴリゴリの右派思想の持ち主で、閣僚や官邸幹部、自民党幹部などとも直接面会を重ねており、神社界と政界をつなげるキーマンの一人と目されている。

「打田神政連会長とレスリング協会会長の福田氏の親密な関係は有名な話。30年以上のつきあいといわれています」（地元政界関係者）

実際、打田会長は福田氏と同様、『皇室』の事実上の運営主体である日本文化興隆財団の理事も長年共に務めてきた。また、日本会議のフロント組織で神社本庁も携わる改憲団体「美しい日本の憲法をつくる国民の会」では、打田氏が事務総長を務め、福田氏はその代表発起人の一人に名前を連ねている。

さらに、打田会長は故郷・静岡県小國神社の宮司を務めているが、その小國神社では、節分の豆まきのときに、よくレスリングの関係者が来ているという。

「浜口京子さんとか吉田沙保里さん、伊調千春、馨さん姉妹もそうだし、福田氏自身も顔を出していたはず。今年も、リオ五輪金メダリストの川井梨紗子選手が参加していましたね。地方神社の行事にメダリストが参加しているのは福田氏のコネクションでしょう」（前出・地元政界関係者）

打田会長については、第1節で、神社本庁から不動産を安値で売却されたディンプル社社長の高橋氏と「20年来のつきあい」であるという情報を紹介したが、福田会長との関係は高橋氏よりももっと長く、30年以上になるようだ。

そして、福田会長が立ちあげた『皇室』の販売元である日本メディア・ミックスは日大レスリング部の後輩であるその高橋社長が経営を引き継ぎ、ディンプル社と同じ場所に本社を置いている。

これらの情報を総合すると、今回のディンプル社が関わった不動産取引も、そもそもの始まりは福田会長と神社本庁の関係にあったと考えたほうがいいのかもしれない。

飛びかう告発文書、神社本庁関係者への利益還流疑惑が

いずれにしても、福田会長、高橋社長らレスリング人脈が、神社本庁に食い込み、そのビジネスに関係していたのは間違いない。そして、その延長線上で不可解な不動産取引が行われた——。

ただ、福田氏がいくら神社本庁に食い込んでいたとしても、何の見返りもなくそんな破格の条件の不動産取引のパートナーに指名され、その利益を独占できるとはちょっと考えにくい。事実、ディンプル社の高橋社長の知人によると、高橋氏は口癖のようにこう言っていたらしい。

「本庁との取引でうちが儲けたことなんて、これまで一度もなかった」

儲けていないというのなら、そのカネはいったいどこへ消えたというのか。実は、ディンプル社が不動産取引で儲けた金が、どこかに還流されているのではないかという〝噂〟が後を絶たないのだという。

「今回の不動産の件では、不正を糾弾する匿名文書がばらまかれ、そのなかには田中総長や打田さんを名指しで批判するものもあった。証拠といえるものは書かれていないが、少なからぬ関係者が、本庁の資産がどこか特定の関係者に還流しているのではないかと懐疑の目で見ているのは事実です」（神社関係者）

また、この問題をスクープしたダイヤモンドも興味深い事実をつきとめている。神社本庁が

この不動産売却で収益を得た後、「危機管理用の新たな職舎」という名目で、渋谷区代々木の中古の高級マンションを購入。その入居予定者が、ディンプル社と過去の土地取引での密接な関係も指摘されている前述の不動産の売却時の神社本庁総務部長・O氏とその後任の人物なのだが、2人は打田会長と強い「主従」関係にあるという。

われわれは、こうした事実確認と複数証言の裏付けのため、日本レスリング協会と福田会長宛てに、ディンプル社及び日本メディア・ミックス社との関係や、神社本庁関係財団の理事になった経緯、打田氏との間柄、また今回の不動産取引に関する神社本庁側への利益還流の疑いなどについて質問状（2017年7月21日付）を送ったが、回答はなかった。なお、前述したように、福田氏は「ダイヤモンド・オンライン」やわれわれの報道で名前があがった翌年の2018年に文化興隆財団の理事を辞任している。

いずれにしても、神社界の一部周辺だけが不当に利益を吸い上げる構造があるのだとすれば、関係者や全国の神職たちの怒りは当然だ。国民に「国のために死ぬこと」を強制するような教育を称揚しながら、私腹を肥やしているのだとしたら、それは神職とはおよそかけ離れた行為といっていいだろう。

本書で何度も指摘しているように、神社本庁は、全国約8万社の神社を包括する宗教法人であり、日本会議らと連携し、改憲運動をはじめとする右派運動を展開している団体だ。また神社本庁の政治団体である神道政治連盟は選挙でも極右政治家を推薦し当選させてきた。
しかし、その実態は神社本庁が支援する安倍自民党と同様、〝カネと利権〟にまみれているというしかない。

4　神社本庁が鎮守の森を原発に売り飛ばし！

上関原発建設用地は〝神の土地〟だった

日本各地に点在する神社といえば、いまでも祭りや祝い事などで地元の人に親しまれている存在だが、本書で指摘してきたように、その包括団体である神社本庁では目下、未曾有の大混乱が生じている。しかし、その歪《いびつ》さはいまに始まったことではない。一例として、かつて神社本庁が引き起こしたある事件を紹介したい。

事件の舞台は安倍首相の地元、山口県の南東部、室津半島の先端にある中国電力「上関《かみのせき》原発」の計画地だ。上関原発といえば、1982年に建設計画が浮上して以降、30年以上にわたって激しい反対運動が展開されてきたことで知られている。全国でも珍しい持続的な運動と、福島原発事故を受けた民主党政権の判断で現在は建設計画が中断しているが、この原発建設予定地は、「四代正八幡宮」という神社の土地が2割を占めていた。

四代正八幡宮は由緒正しい神社で、周囲には、縄文時代からの鎮守の森が広がっている。また、八幡宮の眼下の入り江一帯は世界的に珍しい貝類が生息し、日本生態学会も調査に入るなど、自然の宝庫として注目を集めている。

ところが、その森に、上関原発の第一号炉の炉心、発電タービン建屋を建設する計画がたてられ、1998年から神社側に土地の買収が働きかけられるようになったのだ。

しかし、当時の八幡宮神社宮司・林春彦氏は土地の売却を認めなかった。当然だろう。そもそも神社本庁憲章第十条には「境内地、社有地、施設、宝物、由緒に関わる物等は、確実に管理し、みだりに処分しないこと」という規定があり、神社の土地は売却できないことになっている。これは、一木一草に神が宿っているとする古代からの神道の考え方からくるもので、神社の森は鎮守の森、神の棲む森とされ、各神社はそれを守ることが固く義務づけられてきた。

ところが、中国電力は計画を変更しようとはせず、県知事や政治家、さらには神社本庁に働きかけ、林宮司に売却を認めさせるよう圧力をかけ始める。

だが、林宮司は頑として首を縦にふらなかった。林宮司は当時、『現代農業』（2002年5月増刊号／農山漁村文化協会）に「人間・自然破壊の原発に神の地は売らず　神社、鎮守の森の永遠は村落の永続」と題して、こんな手記を発表している。

〈原発立地の焦点となっている神社地は、そもそも四代地区の祖先の人びとの辛苦によって、神社永続のための基本財産として確保されたのである。神社地が、地域の人びとによって八幡山と愛称されてきたゆえんであろう。そもそも、このような歴史的由来をもつ神社地を現代に生きる者たちの短絡的な経済的利益によって売却できるはずがない。〉

〈鎮守の森や神社地なるものは、その根本の理念にかんがみても、現代に生きる者たちのために存在するのでなく、遠い先祖より受け継ぎ、未来の子々孫々に伝えゆくべきものなのである。〉

まさに、古よりの信仰を守る神職としては正当な姿勢であるといっていいだろう。

神社本庁による〝神殺し〟

ところが、驚いたことに、八幡宮神社を統括する山口県神社庁、そしてその上部団体である神社本庁はまったく逆で、土地売却に向け動き始めたのだ。その理念からいえば、林宮司をバックアップすべき神道団体が、中国電力や当時の自民党政権と裏で手を組み、反対する林宮司を追放すべく、さまざまな圧力、嫌がらせを始めたのである。林宮司は同手記でこう証言している。

〈一年一度の大祭である秋祭りに、副庁長（山口県神社庁）の立場にある神職が、羽織・袴といった大仰ないでたちで、予告もなしに祭りの始まる直前に乗り込んできて祭祀を妨害するという異常事態まで出来しているのである。これは、神社二千年の歴史に未曾有のことであろう。神社土地売却に同意しないために、神社本庁（東京都渋谷区代々木）の代表役員らによって、当職の解任があらゆる手段を用いて画策されているが、副庁長による、このような秋祭りの妨害もその一環である。〉

そして、嫌がらせと圧力を続ける神社本庁にこう警告を発した。

〈法律上の最高権限をもつ神社庁の代表役員が神社地の売却の承認をすることにでもなれば、それは自らが制定した法規を自分の手で破壊することであり、神社本庁自体の瓦解を意味しよう。〉

しかし、神社本庁はそれでも神社地を売却しようと強硬手段に出る。林宮司に対して「解任辞令」を出し、代わりに原発容認派の宮司を就任させたのである。そして、この新しい宮司が財産処分承認申請書を提出すると、２００４年8月20日、神社本庁は「山口県上関町・八幡宮所有地の上関原発建設用地への財産処分承認申請書に対する承認の可否」という文書を発表し、「結論　本件は、万已を得ない事情があると判断し、承認とする。」とした。

この発表文書には、「尚、本件の承認は、他の神社の財産処分にかかる全ての案件に影響を及ぼすものではなく、あくまでも個別に判断したことを茲に申し添へる」という付言があり、いかにこの決定が特例だったかがうかがえる。

この決定に際しては、自民党政権からの働きかけがあったと言われており、山口県を地元とし、神社本庁に深くコミットする安倍首相もキーマンのひとりではないかといわれている。

しかも、林宮司の解任をめぐっては、不可解な事件が起きている。解任の少し前に神社本庁に林宮司のニセの退職願が提出され、その結果、林宮司は退職に追い込まれたのだ。林宮司は2006年、山口県神社庁を相手に文書の偽造、違法手続があったとして裁判を起こしたが、裁判の途中の2007年3月、突然倒れて帰らぬ人となった。

原因は心労が重なったためといわれているが、一方で、この問題をルポした『真説　日本の正体　封印された謀略の裏面史を紐解く』（高橋五郎・小池壮彦／学研パブリッシング）は林宮司の死について、「裁判で事実が明るみに出ると困る連中が何らかの手を下したという風評もある」という物騒な指摘をしている。

裁判はその後、林宮司の弟に引き継がれたが、2009年の一審、翌年の二審で退職願が偽造であることは認められたものの、山口県神社庁の偽造への関与は否定された。

以上が事件の概要だが、これでも神社本庁は日本の歴史と伝統を守り伝える団体といえるのだろうか。彼らはHPや広報物では「古よりの信仰、伝統を守り伝える」「鎮守の森に代表される自然を守る」などと美辞麗句を並べ立てているが、実際には古からの信仰を守ろうとした宮司を追放し、神が棲む森を原発に差し出した。これはまさに、神社本庁による「神殺し」といってもいい暴挙ではないか。

国家神道の復活と神社合祀

だが、神社本庁という組織の本質を考えれば、こうした行動はそう不思議なことではない。日本の神社信仰はもともと「神道」という形でひとつにまとめられるようなものではなく、それぞれの地域によって多様なかたちをもっていた。大木や巨石など自然物を御神体とする神社も多く、その村固有の祖先を祀る祠、民衆が安寧やご利益を祈るための神社、また八坂神社や稲荷神社のように大きな神社でも天皇崇敬と関係のない神社も少なからずあった。

ところが、明治政府が近代国家の支配イデオロギーとして「国家神道」を打ち出すと、こうした多様な信仰がすべて皇室神道、天皇崇敬と結びつけられ、伊勢神宮を頂点にして序列化されていく。

そして登場したのが「神社合祀」という命令だった。神社合祀は、序列の低い小さな神社を廃止して、大きな神社にまとめていくという政策だが、これによって、それまでその地域の人たちが大切にしていた小さな祠や社が取り壊され、鎮守の森が切り開かれ、ご神体とあおがれていた『となりのトトロ』に出てくるような大木が次々と切り倒されていったのである。

ちなみに、この「神社合祀」に対して激烈な反対運動を展開したのが、天皇へのご進講も果たしたことのある高名な博物学者の南方熊楠《みなかたくまぐす》で、南方は合祀を進める県職員に「神罰が下るぞ」と殴り込みをかけて逮捕されている。

南方の怒りは当然で、それがどんな小さな祠であっても、当時は地域で暮らす人々にとって精神のよりどころであり、そこにある石や木や森が自然への畏敬や敬神崇祖の思いをつくりだしてきた。それをいきなり人と土地を切り離し、神が宿る自然を壊すというのは、許されざる行為だったのである。

しかし、国家神道を推し進める者たちにとってはそんな民衆の思いなどはどうでもいいことだった。国家神道というのは宗教ではなく、「神」よりもまず「国家」なのだ。「神」、もっといえば「皇室」さえも、為政者が国民を支配し、国を強化していくためのツールにすぎなかった。

そして、この体質は今も神社本庁に脈々と受け継がれている。だからこそ「国家」や「自民党の政治家」からの求めに応じて、神々が棲んでいるはずの縄文の森を平気で原発に売り飛ばすことができるのだ。

しかも、この団体は今、自分たちの息のかかった政治家を大量に政権に送り込み、再び日本人が国家のために命を投げ出す政策を着々と推し進めている。国力増強のために自然や人々の暮らしを平気でふみにじる政策を次々実現しようとしている。

そういう意味では、上関の危機もけっして去ったわけではない。原発の建設計画は今のところまだ中断したままになっているが、原発再稼働を進める安倍政権が神社本庁とともに再び〝神殺し〟を始める可能性は十分ある。

日本の「歴史」や「伝統」を愛し、日本人としての「誇り」をもちたいと考えるのはかまわない。だが、伝統や歴史というのは、たかだか100年ちょっとのフィクショナルなイデオロギーのことではないはずだ。

第3章

神社本庁の強権支配

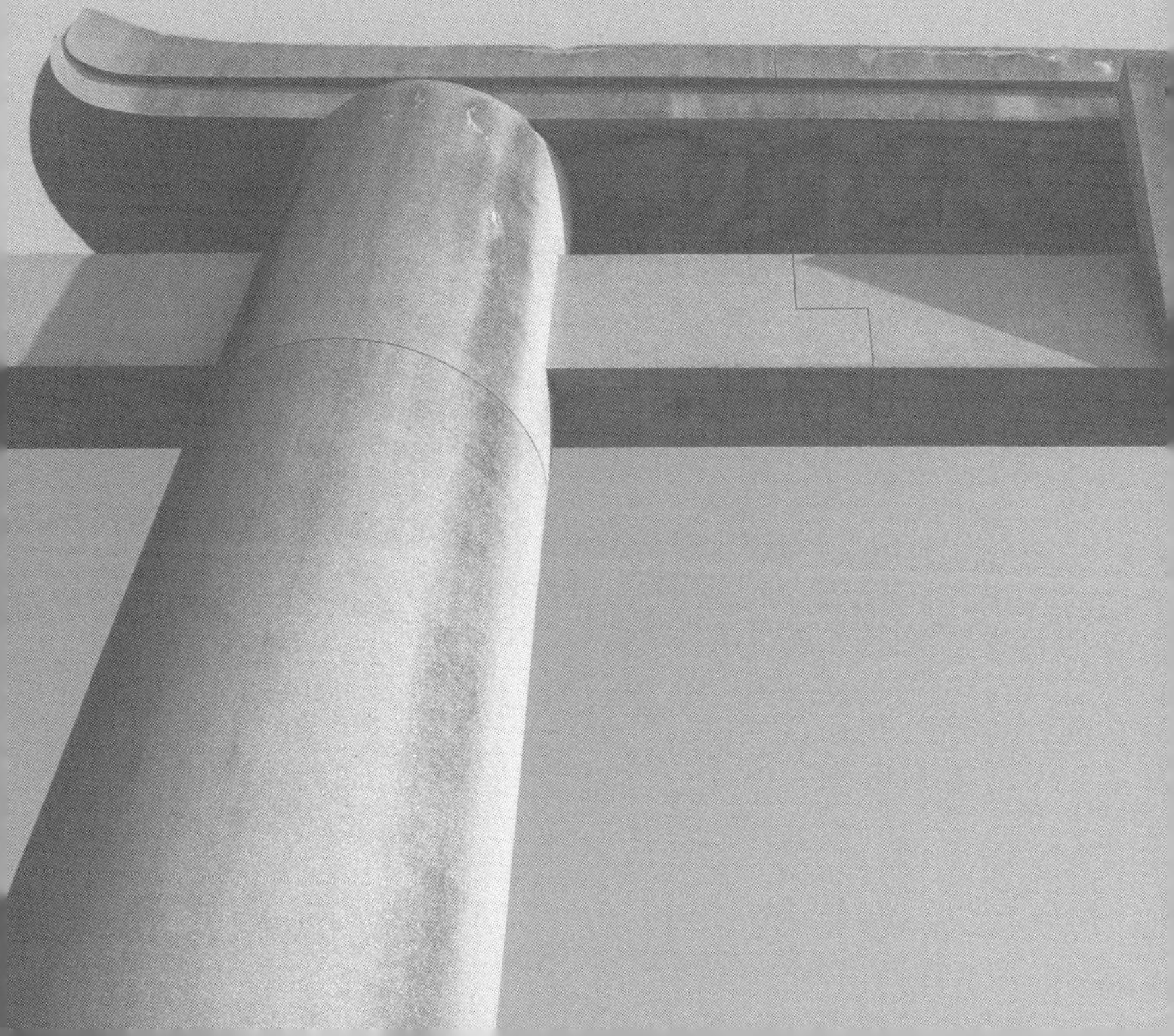

1　富岡八幡宮殺傷事件と神社本庁の女性差別

跡目をめぐるトラブルの背景に神社本庁の人事

２０１７年12月7日、東京都江東区の有名神社・富岡八幡宮で、宮司の富岡長子氏が、元宮司で弟の茂永容疑者から日本刀で殺害されたとみられる衝撃事件が発生した。

報道によれば、長子宮司が富岡八幡宮前の路上で降車したところを、待ち伏せしていた茂永容疑者らが襲撃。長子宮司の運転手も茂永容疑者の妻とみられる女性に切りつけられ、重症を負った。その後、茂永容疑者は妻とみられる女性を殺害し、自らも命を絶ったとされている。「死後においても怨霊となり、祟り続ける」などと書いた遺書を神社関係者やマスコミなど２０００カ所以上に送っていたことも報じられた。

富岡八幡宮は、毎年30万人が初詣に訪れるなど、「深川の八幡さま」と呼ばれ親しまれている。江戸時代は徳川将軍家から庇護を受け、現在の大相撲の前進である勧進相撲発祥の地という由緒ある神社だ。その富岡八幡宮で起こった、宮司が肉親から日本刀で斬殺されるという痛ましい事件を、案の定、テレビはセンセーショナルに扱った。

事件の動機は、神社の跡目をめぐるトラブルだといわれている。茂永容疑者は90年代に父の興永氏から宮司を引き継いだのだが、２００１年に辞任。当時の週刊誌報道では、茂永氏の女性関係や金銭問題等の素行の悪さが原因で、事実上の勘当であるとも取り沙汰された。その後は再び、興永氏が高齢による体調不良を理由に辞任する２０１０年まで宮司を務め、引退を機に、長女の長子氏を宮司に推挙した。この間の２００６年には、当時の興永宮司を補佐する禰宜だった長子氏に対し、茂永氏が「積年の恨み。地獄へ送る」などと記したはがきを送付し、脅迫容疑で逮捕されている。

ワイドショーではこうした〝骨肉の争い〟が扇情的に報じられたが、より注目したいのは神社本庁の人事における女性差別が事件に影響を与えていたのではないか、という問題だ。神社本庁は神社人事の「任命権」を盾に、長子氏の宮司就任を実に7年間、何度もはねのけてきた。その結果、富岡八幡宮は２０１７年9月、神社本庁から離脱している。

『週刊金曜日』（２０１７年11月17日号／金曜日）「揺れる神道の〝総元締め〟富岡八幡宮が神社本庁を離脱」によれば、富岡八幡宮は長子氏を後継宮司にするにあたり、神社規則に則った責任役員会での決定などを経て、神社本庁に具申した。ところが、２０１０年の最初の具申では、宮司を補佐する権宮司が上席に在職するとの理由で長子氏を宮司代務者として任命。その後も２０１３年、14年、そして２０１７年3月の3回に渡り、富岡八幡宮は責任役員会で決議して具申を行ってきたが、神社本庁からは音沙汰なしだったという。

被害者の長子宮司が語っていた神社本庁批判

なぜ神社本庁は、かたくなに長子氏を宮司に任命しなかったのか。

前述した通り、富岡八幡宮は参拝者らから高い人気を持ち、言い換えれば、財政的にも恵まれているからこそ、その影響力は神社界でも小さくない。実際、神社本庁が定める「別表神社」にも指定されていた。「別表神社」とは、戦前の社格制度に代わるものとして1948年に定められたもので、神職の職階など人事面で特別の扱いがされる神社の指定であり、旧官国幣社や一部の規模の大きな神社が該当する。

また、長子氏の祖父・盛彦氏は、神社本庁の事務総長（現在の総長）も務めた神社界の重鎮だった。こうした点を鑑みても、親族間トラブルは神社界では有名だったにせよ、神社本庁が長子氏の宮司任命を拒んだのは不可解だろう。

そんなことから、神社本庁が長子氏を宮司に任命しなかったのは、神社界の〝男尊女卑〟思想が影響したのではないかとの見方が広がっている。

前述『週刊金曜日』の取材に対して、長子氏はこのように語っている。

「神社本庁は、度重なる責任役員会の具申や、氏子総代、神輿総代、職員全員の嘆願書まで無視し、地域の神社としての特性やあり方を考えることすらなく、氏子を代表する方々の総意を一向に汲もうとしませんでした。祖父と本庁との関係は承知しておりましたが、亡き祖父の思いは今の本庁のあり方とは正反対であったと言っても過言ではありません」

また、生前の長子氏はメディアに、神社界にはびこる〝女性差別〟を証言していた。『週刊ダイヤモンド』2018年3月24日号に掲載されたインタビューのなかで、「神社界では、女性差別が根強いというお考えですか」と聞かれ、こう答えている。

「相当ひどいですよ。私たちは、神社本庁と雇用関係などは一切結んでいない。つまり、彼らは上司でも何でもない。それにもかかわらず、パワハラとセクハラが横行しているんです。

一部の男性神職が、どれだけ女性神職や巫女を性的対象にして、卑しめてお酒を飲み、高圧的な態度で接してくるか——。その証拠は全て残してあります。お金と女、お酒しか考えていない人もいて」

長子氏は続けて、神社本庁の職員を公然と批判していた。

「神社本庁の一部の職員もひどいですね。あの方々は、国民に選ばれたわけでも何でもなく、私たちの上納金で食べているのですが。幹部（実際の役職名）の某氏（実名）などは最低の人間でした」（カッコは原文ママ）

宇佐八幡宮でも神社本庁が女性後継者を排除

神社本庁にはやはり、女性の宮司を排除しようという意図があるのではないか。

こうした見方について都内の神職に聞くと、「女性の宮司もいます」としたうえで、このように語った。

「神社界でも戦後は女性の神職養成にも力を入れ、実際に宮司を務められている方もいます。ただ（富岡八幡宮のような）別表神社となると、いま現在、女性の方が宮司となられているところを私は知りません」

事実、同じく別表神社である大分県の宇佐神宮でも、富岡八幡宮と同様の事態が起きている。

大分県宇佐市にある宇佐神宮は、全国の神社数約8万社のうちの半分を占める4万社の八幡宮の総本山であり、鶴岡八幡宮（鎌倉）、石清水八幡宮（京都）と並ぶ三大八幡宮の一つである。その神社で平安時代から宮司職を世襲で務めてきた到津家の末裔である到津克子氏が、神社本庁によって宮司就任を拒否されたばかりか、ナンバー2の権宮司の地位を解任され、訴訟沙汰に発展しているのだ。

この問題は、「ダイヤモンド・オンライン」や『週刊ダイヤモンド』（２０１８年3月24日号）、ジャーナリスト・伊藤博敏氏によるウェブサイト「現代ビジネス」のレポート（２０１８年2月22日）などが報じている。概略を説明しておこう。

宇佐神宮では2006年、前述の克子氏の父である当時の宮司・到津公斉氏が体調面を理由に退任。その翌年、克子氏がナンバー2である権宮司に就任する。この時、克子氏の将来の宮司就任は既定路線になっており、事実、2008年になると、宇佐神宮の責任役員会が、宮司の任免権を持つ神社本庁に対して克子氏を新たな宮司に推薦する具申を行った。ところが、神社本庁は具申に回答せずに無視したという。その後も具申は何度か行われたが、結果は同じだった。

そうしたなか、2009年1月に父親の公斉氏が亡くなると、神社本庁は克子氏の経験不足を理由に当時の大分県神社庁長を特任宮司として任命。これに責任役員会は反発し、神社本庁からの離脱届けを提出した。2010年には克子氏が地位保全を求めて提訴する事態（第一次訴訟）となった。

第一次訴訟は最高裁まで争われ、2013年に克子氏側の敗訴が確定したが、騒動はさらなる展開を見せる。2014年5月、神社本庁と宇佐神宮は「宮司の指示に従わない」などとして権宮司だった克子氏を解雇したのだ。克子氏はこれを不服とし、逆にパワハラなどを受けたとして再び提訴（第二次訴訟）。2018年2月の一審判決は、パワハラを認定する一方、そのような状況下での解雇を有効とする不可解なもので、克子氏側は控訴している。

こうした宇佐神宮のケースをみていると、富岡八幡宮で被害者の長子氏が宮司就任を拒否されたのも、やはり女性だったからではないかという疑念が強くなってくる。神社本庁は、別表神社などについては強引に人事に介入し、女性宮司を排除する方針をもっているのではないか。

そして、この神社本庁の姿勢が宇佐神宮では泥沼の訴訟を生み出し、富岡八幡宮の神社本庁離脱につながっていったのではないか。

しかも、富岡八幡宮ではその延長線上で、殺傷事件まで起きた。茂永容疑者が犯行に及んだのは、神社本庁の人事介入と無関係ではない。神社本庁が長子宮司を認めていないということが茂永容疑者の「自分こそが正しい後継者である」という思い込みをさらにエスカレートさせ、狂気じみた犯行に走らせた可能性は十分あるだろう。

神社本庁による人事権濫用が招くトラブルと不公正

一方、宇佐神宮のケースでは、神社本庁の人事介入のもうひとつの問題も浮き彫りになった。宇佐神宮では、その後も克子氏を推す地元と神社本庁の対立が続き、騒動のなか、2015年12月には氏子総代会が神社本庁の選任した特任宮司の解任嘆願書を神社本庁に提出。2016年2月には穴井伸久特任宮司が辞職したため、新たな宮司が神社本庁から送り込まれてきた。

ところが、この新宮司が、第2章で触れた不動産取引にも関わったとされる、元総務部長のO氏だったのだ。O氏は神道政治連盟の打田文博会長、田中恆清総長の腹心的存在といわれ、くだんの不動産不正取引時には、神社本庁総務部長として、取引にも関与していた。『週刊ダイヤモンド』によれば、疑惑に不動産取引の売却益で購入した渋谷区の高級マンションの入居予定者に当初、O氏の名前があったという（宇佐神宮への栄転が決まったためか、入居はしていない）。

『週刊ダイヤモンド』などによれば、O氏は着任早々に県神社庁宇佐支部との協力関係を断絶するなどし、支配体制を確立。祭礼の協賛金（寄付金）も半減したという。O氏の強引なやり方には反発が広がり、関係者からは「神社本庁による宇佐神宮のっとり事件だ」との声があがる。２０１８年には、氏子と市民が結成した「宇佐神宮を守る会」がO宮司の退任を求める署名を開始。神社本庁の強権支配が招いた大混乱は、まったく収束の目処がたっていないという。

こうした経緯をみていると、神社本庁による強引な人事介入は、女性差別にくわえ、「本庁上層部の覚えがめでたい人物への論功行賞、天下り」という側面もあるのではないか。

こうした恣意的な人事に対して、少なからぬ神職らの間から、「本庁の一部が強大な権限を振りかざしているせいで、神社界全体の信用が落ちている。氏子たちに顔向けできない」との悲鳴が漏れている。

神社本庁は２０１６年、70年ぶりに懲戒規程を抜本的に改め、懲戒対象に「神職としての資質に欠ける行為が判明したとき」を盛り込んだが、これも神社本庁の人事介入を強化する結果につながりかねない。神社本庁の人事権の濫用によって、今後も、全国の神社に親しみを感じている市民が置き去りにされたまま、各神社と神社本庁との対立は激化していくものと思われる。

2　富岡八幡宮事件の容疑者と日本会議

日本会議前身団体創設に奔走した祖父、初代支部長として極右運動に邁進した容疑者

２０１７年12月７日に東京都江東区の有名神社・富岡八幡宮で起きた、宮司の富岡長子氏が、元宮司で弟の茂永容疑者から日本刀で殺害された事件。前節では、神社本庁が長子氏の宮司就任を拒否した問題と事件の関係を指摘したが、この事件にはもうひとつ、注目すべきポイントがある。

それは加害者である茂永容疑者が、日本会議の歴史修正主義運動に邁進していたという事実だ。

そもそも、富岡八幡宮は日本最大の改憲右派団体「日本会議」との関係が深い。長子氏と茂永容疑者の祖父・盛彦氏は神社本庁の事務総長（現在の総長）も務めた神社界の重鎮だが、日

本会議の前身団体のひとつ「日本を守る会」の創設メンバーだった。

「日本を守る会」は、当時の鎌倉円覚寺貫主・朝比奈宗源氏が神道・仏教系の宗教団体に呼びかけて1974年に結成したもので、元号法制化運動を強く推進していった（俵義文『日本会議の全貌』花伝社）。そのとき、神社界から尽力したひとりが長子氏の祖父・盛彦氏で、生長の家の谷口雅春・初代総長とともに設立に奔走したと言われる。

そして1997年、「日本を守る会」が、宗教者以外も取り込んだ改憲右派団体「日本を守る国民会議」や右派思想をもつ新興宗教団体と合流し、「日本会議」が誕生。日本会議は草の根ネットワークの拡張を目指して各地に支部を発足していくが、その全国支部第1号が江東支部で、1998年に初代支部長に就任したのが当時、富岡八幡宮宮司の茂永氏だった。

しかも、たんに支部長という肩書きをもっていたというだけではない。茂永容疑者は右派団体支部第1号の初代支部長として、さまざまな歴史修正主義、極右運動に深く関わっていたことがわかってきた。

茂永容疑者が取り組んだ侵略戦争否定、「東京都平和祈念館」建設阻止運動

茂永容疑者が日本会議江東支部長に就任した1998年7月、産経新聞が「日本会議　江東支部が発足　支部長に富岡氏」という見出しの下、こんな記事を掲載している。

〈教育の正常化などに取り組んでいる「日本会議」（副会長・小田村四郎拓殖大総長ら四人）の江東支部がこのほど発足、支部長に富岡八幡宮宮司の富岡茂永氏が就任した。

昨年発足した日本会議都本部（議長・外交評論家、加瀬英明氏）が区市町村単位の支部作りを急いでいた。全国的にも支部の発足は初めて。

江東支部では今後、（1）教科書の「従軍慰安婦」記述削除（2）夫婦別姓制に代わる旧姓の通称使用を認める法改正の推進（3）首相の靖国神社公式参拝実現——などに向けて運動を続ける。〉

これだけでも、茂永容疑者が日本会議の歴史修正主義運動、戦前回帰運動の最前線に立っていたことがうかがえるが、記事はさらにこう続く。

〈都平和祈念館問題については、地元住民組織「平和祈念館を考える墨東都民の会」（相沢春夫代表）と連携して、空襲遺族追悼に絞った展示を求める方針。〉

そう、茂永容疑者率いる日本会議江東支部は、あの「東京都平和祈念館」建設阻止運動でも、大きな役割を果たしていたのだ。

1990年代になって、日本会議や「自由主義史観研究会」「新しい歴史教科書をつくる会」など、歴史教科書における日本軍の加害記述の削除を求める歴史修正主義運動が台頭したが、彼らがもう一つ標的にしていたのが、全国各地に建設されていた戦争資料館だった。

こうした戦争資料館の多くは戦争の悲惨さを伝えることを目的としており、当然、日本の戦争被害だけでなく、アジアへの加害の実態を記録し、展示していた。ところが、歴史修正主義勢力は、この加害展示を「自虐的」として、展示の撤去や建設阻止の運動を展開したのだ。

まず、1996年には「長崎の原爆展示をただす市民の会」が発足し長崎原爆資料館の展示を糾弾。長崎市は映像や解説文の約200カ所を削除・訂正することになった。1997年には、大阪府に「戦争資料の偏向展示を正す会」が発足、大阪国際平和センター（ピースおおさか）の展示を「偏向展示」だとして大々的な抗議運動を展開した。

こうした流れの延長線上で標的になったのが、東京都平和祈念館建設計画だった。東京都平和祈念館は青島幸男都知事時代に、東京大空襲の犠牲者を追悼するとともに、戦争体験と平和を希求する心を継承するという、至極まっとうな目的で立ち上げられた計画だったが、自由主義史観研究会の会員だった極右都議などが中心になって、「平和祈念館をただす都民の会」を発足。やはり「加害展示」の部分や東京を「軍事都市」と表現していたことなどをあげつらい、建設計画の凍結に追いやったのだった。

自国にとって都合の悪い歴史に蓋をするため、戦争の悲惨さを後世に伝える機会そのものを奪う――まさに歴史修正主義丸出しの暴挙というしかないが、この運動を全面的にバックアップしたのが、神社本庁と日本会議だった。そして、その日本会議で江東支部の支部長を務めることになった茂永容疑者は、署名活動などで大きな役割を果たしていたとみられる。江東区は東京大空襲の被害の中心だった深川地区を擁しており、富岡八幡宮もまた空襲で焼失するなど象徴的な存在でもあった。

当時、建設予定地だった墨田区横網町公園近くで行われた撤回を求める集会の模様を報じた産経新聞1998年12月27日付の記事には、茂永氏が「神社関係者だけでも二千五百八十六人の反対の声を配達証明で届けている。都の（意見募集の）集計に不正があるのではないか」と自らの反対運動をアピールし、都の姿勢に対し陰謀論を展開するくだりが出てくる。

茂永容疑者は当時、東京都内の若手神職（40歳以下）による団体「東京都神道青年会」の会長も務めており、この会や日本会議江東支部をベースに、反対の声を取りまとめていたのだろう。

歴史修正主義に邁進していた容疑者がなぜ？

ちなみに、茂永容疑者が会長を務めていたこの「東京都神道青年会」も相当に政治的な組織だ。

そのＨＰには、〈「民族精神の基盤たる神社振興の本義に徹して、国家再興のため強力なる運動を展開せん」という崇高なる精神を以て発会されました〉という時代がかった文章が掲げられ、活動紹介には「東京都神社庁・神政連東京都本部・日本会議等関係諸団体との連携した活動」「主権回復記念日（4月28日）靖國神社参拝及び国民集会への参加」という項目。「基本活動方針」というページには「昨年来、国会では連日のように譲位問題が取り上げられ、国家最大の重儀である大嘗祭の斎行がいよいよ現実味を帯びて参りました。神政連・神青協との連携を密にして、憲法改正問題と併せ、時局問題には迅速且つ真摯に対応して参ります」という挨拶文が掲載されていた。

そして、茂永容疑者が会長を務めていた時代、この東京都神道青年会はフィリピン・レイテ島で戦没者慰霊祭を企画するなど、日本軍の戦死者を英霊として讃える事業に熱心に取り組んでいた。

いずれにしても、茂永容疑者は宮司の職にあった1990年代から2000年代初頭にかけて、神社本庁の戦前回帰志向を体現するような極右思想の推進者として活動していたのである。日本会議は歴史修正運動とともに、愛国心や道徳教育の推進、伝統的な家族制度の復活にも力を入れている。彼らは「戦後の自虐史観教育で祖先を尊ぶ心が失われ、家族の繋がりが断たれた」などと主張して、「だから、伝統的な家族像を復活させねばならない」というようなことをしきりに喧伝してきた。

そんな伝統的家族にこだわってきた団体の支部長第一号で、その運動に邁進してきた人物が、姉弟で骨肉の争いを繰り広げ親族殺人を犯すというのは、皮肉としか言いようがない。

マスコミは殺傷事件の原因として、茂永氏の神職らしからぬ性格や放蕩三昧の生活をしきりに報道した。しかし、その経緯や長子氏への脅迫状などをみると、茂永氏を犯行に走らせたのは、歴史ある神社の後継者、カネと人が集まる大神社元宮司としての歪んだエリート意識だったのではないかと思えてくる。

自分だけが「伝統」を体現する特別な存在であり、自分を妨げる者は排除されて当然であり、その正義の名の下にどんな暴力も許される、そんな特権意識――。

そう考えると、茂永容疑者がかつて先の戦争を肯定する歴史修正主義に邁進していたことと、今回の事件は地続きのようにも思えてくる。

3　現役の神社宮司の真っ向批判

国家神道は日本の伝統か？

安倍政権ともつながりが深い日本最大の右派団体「日本会議」の存在は、いまやすっかり人口に膾炙するところとなった。

「日本会議」を批判、検証する書籍も多数出版され、新聞・テレビなどのマスメディアでも取り上げられるようになった。そんななか、現役の神社宮司からも「日本会議」への厳しい批判が飛び出したこともある。

『週刊金曜日』（金曜日）2017年5月27日号の特集「日本会議とは何か」。同特集には、『証言 村上正邦 我、国に裏切られようとも』（講談社）などで日本会議の成り立ちを記したジャーナリスト・魚住昭氏や、一水会元代表の鈴木邦男氏、右派の歴史修正主義等を研究してきた能川元一氏などが寄稿しているのだが、特に注目だったのが、現役の神社宮司である三輪隆裕氏へのインタビュー記事だ。

三輪宮司は愛知県・清洲山王宮日吉神社の神職56代。本書で述べているように、全国約8万社の神社を統括する宗教法人「神社本庁」は日本会議と密接な関係にあり、神社本庁の田中恆清総長は副会長、統理や神宮代宮司らが顧問として日本会議の役員に名を連ねている。

だが、三輪宮司のインタビューを読むと、神社界全体が日本会議の推し進める〝戦前回帰〟的な運動に賛同しているわけではないことが、はっきりとわかる。

三輪宮司は冒頭から、「日本会議は『皇室と国民の強い絆』が『伝統』だと主張しているが」という『週刊金曜日』の質問に対し、こう答えている。

「いや、それは『伝統』ではありません。江戸時代にはごく一部の知識階級を除き、『京都に天皇様がおられる』ということを庶民が知っていたか、はなはだ疑問です。本来神社とは地域の平和と繁栄を祈るためのもので、この日吉神社でいえば、江戸時代は氏神の地域と尾張国の繁栄を神様に祈願していました。明治になって、日本という統一国家ができたので、その象徴として『天皇』を据えたのです」（『週刊金曜日』より）

事実、神社本庁が「本宗」として仰ぎたて、安倍首相がサミット開催地にゴリ推しして各国首脳に訪問までさせた伊勢神宮ですら、明治になるまで一度も天皇が参拝したことはなく、とくに江戸時代に庶民のあいだでブームとなった伊勢参りは、皇室への信仰心によるものではなく豊作を願ってのもので、人気の観光スポットという意味合いが強かった。

しかし、明治維新という〝軍事クーデター〟によって樹立した明治政府は、それまで民間の信仰であった神社神道を、天照大神を内宮に祀る伊勢神宮を頂点とする「国家神道」に組み替えた。この神話的ヒエラルキーのもと、国民を「天皇の赤子」として支配しようとしたのだ。その結果が、「世界無比の神国日本」による侵略戦争の肯定・積極的推進であった。先日逝去した歴史学者・思想史家の安丸良夫氏も、著書でこのように書いている。

〈伊勢神宮と皇居の神殿を頂点とするあらたな祭祀体系は、一見すれば祭政一致という古代的風貌をもっているが、そのじつ、あらたに樹立されるべき近代的国家体制の担い手を求めて、国民の内面性を国家がからめとり、国家が設定する規範と秩序にむけて人々の内発性を調達しようとする壮大な企図の一部だった。そして、それは、復古という幻想を伴っていたとはいえ、民衆の精神生活の実態からみれば、なんらの復古でも伝統的なものでもなく、民衆の精神生活への尊大な無理解のうえに強行された、あらたな宗教体系の強制であった。〉（『神々の明治維新』岩波新書）

国家神道は日本の「伝統」でもなんでもない。もともと、日本の神社は寺と不可分だった（神仏習合）が、明治政府は神仏分離令（1868年）によって神社から仏像や仏具を撤去するなどし、神道を仏教の上に無理やり位置付けようとした。この神仏分離令は一部で廃仏毀釈と呼ばれる激しい寺院・仏教の排斥運動を呼び込んだが、こうした点について三輪宮司は『週刊金曜日』で、「明治政府は文化と宗教の破壊者です」と強く批判。そして、明治政府の「国家の宗祀」理論や「教育勅語」についても、「このように一つの価値観と規律で国民をしばる、などという発想は、多神教の神道にはありません」と一刀両断している。

決して一枚岩ではない神社界

さらに批判は神社本庁にも及ぶ。三輪宮司は、国家神道が神道の歴史では極めて特殊であることを「今の神社本庁には理解できないのですね」と言い、このように解説するのだ。

「戦後、占領軍の『神道指令』で国家神道は解体されました。その後、神社は生き残るために宗教法人・神社本庁として再出発しますが、当時の神道界のリーダーは、ほとんど明治時代に神主になった人だったため、それ以前の本来の神道ではなく、明治政府が作った神道が『伝統』だと思ってしまった。その感覚が、戦後70年経ってもまだ残っているのです」(『週刊金曜日』より)

実際、神社本庁は「伝統」の御旗のもと、「神社新報」紙上で新たな憲法を制定して軍の「統帥権」を天皇に帰属させるべきだという主張すらしている。これは大日本帝国憲法で明文化されていた、すなわちどう考えても戦前回帰丸出しのシロモノ。ようするに神社本庁は、偽りの「伝統」を振りかざして、戦中に軍部が暴走した反省から日本国憲法に記した「文民統制」すら廃止すべし、と言っているわけだ。

このことひとつとっても、神社本庁のいう「伝統」は単なる政治的装置でしかないことは自明だが、さらに三輪宮司は、神社本庁や日本会議が憲法に組み込むことを求めている「伝統的家族観」の復活や、2012年の自民党憲法改正草案にも含まれているいわゆる「家族条項」の本質についても、このように喝破している。

「家族主義というのは、せいぜい通用するのは家庭内とか友人関係、つまり『顔』の見える範囲の社会です。それを国家のような巨大な社会まで拡大したら、危険ですよ。(略)家族主義を国家まで拡大すると、権威主義や全体主義となります。『良いリーダーの元に素直な人々が結集して良い社会を作る』。これが一番危険です。戦前のファシズム、あるいは共産主義もそうです。カルト宗教なんかも同じです。今のイスラム原理主義もそうです。民族派の人たちが主張するような社会になったら、また昔の全体主義に逆戻りしますよ」（『週刊金曜日』より）

三輪宮司は、改憲について「日本の独自性とか、妙な伝統とかいったものを振りかざして、現代の人類社会が到達した価値を捨ててしまう可能性があるような憲法なら、変えないほうがよい。日本会議の改憲案は世界の共通価値と離れ、時代錯誤の原理主義と権威主義に満ちている」と語る。

神社本庁は目下、日本会議と連携して改憲運動を活発化させており、傘下の神社の一部で改憲賛成の署名運動を展開していたが、三輪宮司によれば、「ほとんどの神社の宮司は、本庁から書類が来ているのでそのようにしているだけ」という。事実、われわれが２０１６年の年始に都内神社を取材し、職員に聞き込みをした際には、「神社庁のほうで決まったことで……」との答えが複数聞かれた。

ようするに、神社界全体が、いや、たとえ神社本庁の傘下の神社であったとしても、決して日本会議らが企む明治復古的な改憲に諸手を上げて賛同しているわけではないのだろう。むしろ、三輪宮司が『週刊金曜日』で解説しているように、国家神道が〝偽りの伝統〟であることを熟知している宮司や職員の多くは、安倍政権による改憲に内心、危機感を覚えているのかもしれない。

だが、神社本庁は近年、個別の神社の人事に対して強権的な介入を繰り返すなど「傘下神社への締め付けを強化している」（全国紙社会部記者）との声がしきりにあがっているのは確かだ。それが本章で述べた、富岡八幡宮の悲劇や宇佐神宮の騒動の背景にあることは間違いない。

安倍首相が着手しようとする憲法改悪の前に、一人でも多くの神社関係者が日本会議、神社本庁に反旗を翻して欲しいが、残念ながらそう簡単にはいきそうにないだろう。

第4章

神社本庁、日本会議と改憲運動

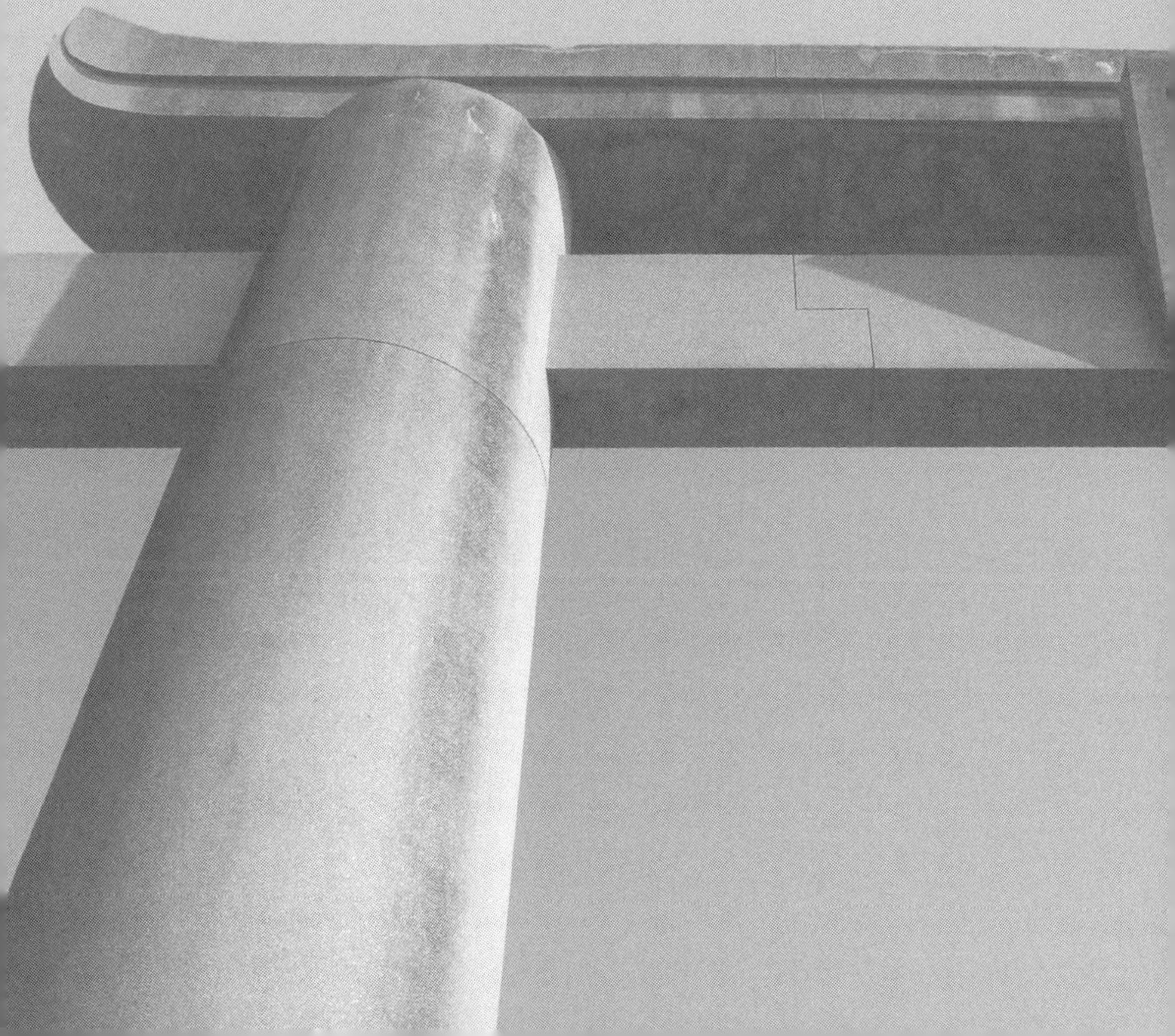

1　全国各地の神社が初詣客を狙って改憲の署名集め

有名神社に櫻井よしこのポスターと改憲署名ブース

お正月といえば初詣。今年も神社へお参りして、一年の安寧や健康を祈った人も多いだろう。おみくじを引いたり、絵馬に願い事を書き込んだりした人もいるはずだ。最近は神社好きの女子、神社ガールなども登場して、若者人気も高まっている。だが、そんな善男善女で賑わう場所で、不穏な動きが表面化しているのをキャッチしたのが２０１６年の年明けだった。

それは〝憲法改正に賛同する署名活動〟だ。これが、なんと神社の境内で行われているという証言が、インターネット上で次々とあげられたのだ。そこでさっそく、われわれも都内の複数神社を取材しに向かったというわけである。

結論から言えば、この改憲署名活動は、怪しげな市民団体が勝手にやっているという話ではなかった。驚くことに、その主体は神社そのもので、参拝客をターゲットに署名を集める〝政治運動〟を展開していたのだ。

まず、記者が出かけたのは、東京港区の乃木神社。明治天皇崩御に際し殉死した乃木希典将軍を祀ったこの神社は、参拝客でごったがえしていたが、入り口に足を踏み入れると、たちまち、「誇りある日本をめざして」「憲法は私たちのもの」などと書かれた奇妙なのぼり旗が目に飛び込む。さらにその付近に設置されたテントでは、額縁に入った櫻井よしこ氏のポスターが鎮座！「国民の手でつくろう美しい日本の憲法」「ただいま、1000万人賛同者を募集しています。ご協力下さい」なる文言とともに微笑む櫻井氏のもとには、A4判の署名用紙と箱が置かれていた。

職員に聞いてみると、この署名活動は、何も乃木神社のみで行われているわけではないという。実際、乃木神社の近くにある赤坂氷川神社にも行ってみたのだが、やはり、門には櫻井氏のポスターが貼られ、本殿前の賽銭箱のすぐそばには例の署名用紙と箱が置いてあった。多くの参拝客はスルー状態であったが、それにしても、初詣のなごやかな雰囲気からすると完全に〝異物〟である。

結局、その後、区をまたいで都内神社を計10社ハシゴしてみたところ、実に4社の境内でこの〝署名ブース〟の存在が確認できた。

神社本庁の意向で決まった改憲賛同署名への協力

ネット上でも、全国各地の神社で署名活動の目撃情報があがっている。かなり広範囲の運動であることは間違いなさそうだ。

さらに、聞き込みを進めていくにつれ、この署名活動は、組織ぐるみ、全国規模で行われていることが明らかになった。

「署名は神社庁が決めて、神社界全体で、全国的にやっていることです。すべての神社が神社庁に所属しているわけではないので、署名をしていないところもあるでしょうが。いつまで続けるのか？　お正月は参拝される方が多いので、ひとまずの間は、というところですかね」（都内神社神職）

署名用紙をよく見てみると、クレジットには「東京都神社庁」とある。これは「神社本庁」の地方機関だ。別の神職はこう語る。

「神社庁のほうで決まったことで、区の神社の会合で話し合ってやることになりまして。秋には1万人の集会がありましたしね」

この職員が言う「1万人の集会」とは、2015年11月10日に日本武道館で開かれ、「今こそ憲法改正を！　1万人大会」という〝改憲大集会〟のことを指す。同大会の会場には、大勢の国会議員が詰めかけ、安倍首相も改憲への意気込みをビデオメッセージで寄せていた。大会の主催は、表向きには「美しい日本の憲法をつくる国民の会」なる団体だが、共同代表として櫻井よしこ氏とともに、田久保忠衛・日本会議会長、三好達・日本会議名誉会長の名が連なるように、中心は日本会議だ。

そして、同会が目指しているのは1000万人の改憲賛同署名である。HPには、こうある。

〈憲法改正には国会発議とともに、国民投票で過半数（約3000万票以上）の賛成が必要となります。そのため、私たちは今、「美しい日本の憲法をつくる1000万人賛同者（ネットワーク）」を全国に呼びかけています。美しい日本を大切な子供たちに伝えていくため、どうか皆さんご協力ください。〉

ようするに、初詣で見かけた境内の署名活動は、日本会議と神社本庁による憲法改正運動のための「1000万人賛同者ネットワーク」の一環だったのだ。

事実、神社で見かけた〝櫻井ポスター〟には、はっきりと「美しい日本の憲法をつくる国民の会」の名称が記載されていた。また、神社本庁の田中恆清総長は同会の「発起人」のひとりで、さらに同会事務総長には打田文博・神道政治連盟会長が就いている。

神道政治連盟国会議員で占められている安倍内閣

神社の境内で「憲法改正の署名集め」という露骨な政治運動が行われていたことは驚きだが、もともと神社本庁は極めて政治的な目的をもっており、裏ではさまざまな右派的政策の実現に向けた政治運動にかかわってきた。

神社本庁の関係団体に神道政治連盟という政治団体があることは何度か述べてきたが、この神政連のHPをみると、自主憲法の制定、靖国神社での国家儀礼の確立、道徳・宗教教育の推進、東京裁判と侵略戦争の否定、A級戦犯の擁護、夫婦別姓反対、ジェンダーフリー反対、皇室と日本の文化伝統の尊重など、明らかに右派的な主張がずらりと並んでいる。

さらに注目しなければならないのは、「神道政治連盟の趣旨に賛同する国会議員」で組織された議員連盟「神道政治連盟国会議員懇談会」の存在だ。

自民党のタカ派、右派議員の多くが参加し、森喜朗首相（当時）が批判を浴びた「日本は天皇を中心とした神の国」なる時代錯誤の発言は、この神道政治連盟国議懇の設立三十周年記念祝賀会での挨拶だった。

そして、この神道政治連盟国議懇は、神社本庁、神道政治連盟の要望を受け、現実に右派的政策を推し進めるための牽引車となってきた。神社新報社から出版された『戦後の神社・神道歴史と課題』（神社本庁総合研究所監修／神社新報創刊六十周年記念出版委員会）はその成果についてこう胸を張っている。

〈神政連（注：神道政治連盟）が国議懇（注：国会議員懇談会）と連携して進めた運動の成果には元号法制化、国旗国歌法や『昭和の日』の制定（略）皇室典範改悪や夫婦別姓法案の阻止などがある〉

しかも、神社本庁＝神道政治連盟の影響力は、安倍政権になってより強まっている。というのも、現在、神政連国議懇の会長を務めているのが安倍晋三首相で、閣僚のほとんどが神政連国議懇の参加者だからだ。

詳しくは次頁表を参照していただきたいが、第2次安倍内閣では20人の閣僚中、公明党所属大臣を除く19人が神政連国議懇のメンバー。第3次安倍内閣でも、発足時は19人、改造内閣でも18人、そして現在の第4次安倍改造内閣でも20閣僚中、公明党の石井啓一国交相以外の19人が神政連国議懇のメンバーで占められている。安倍政権では、ほとんどの閣僚が日本会議の議員連盟に参加していると話題になったが、神政連議連に名前を連ねる閣僚はそれ以上に多いのだ。

安倍政権に対する影響力の大きさを物語るのは、閣僚の数だけではない。その政策遂行のために日本会議や神社本庁が協力し、日本会議や神社の意向を反映した政策を安倍政権が推し進める、といった傾向も強くなった。

その典型とも言えるのが、憲法改正に向けた連携だろう。改憲を悲願とする安倍首相と保守系団体宗教右派が改憲を最大目的として結成した日本会議は「一体」といっていいほど、改憲運動を展開してきた。日本会議が仕切っている改憲運動団体「美しい日本の憲法をつくる会」の会合には必ず安倍首相がメッセージをよせ、地方でも自民党の支部と日本会議の支部が協力

	氏名	職名	日本会議	神政連	備考
第三次安倍改造内閣	岩城光英	法務大臣		○	
	馳浩	文部科学		○	
	森山裕	農林水産	○	○	
	林幹雄	経済産業	○	○	
	石井啓一	国土交通			公明党
	丸川珠代	環境大臣	○	○	
	高木毅	復興大臣		○	
	河野太郎	国家公安		○	
	加藤勝信	一億活躍	○	○	
	島尻安伊子	沖縄北方	○		
第三次安倍第二次改造内閣	金田勝年	法務大臣	○	○	
	松野博一	文部科学	○	○	
	山本有二	農林水産	○	○	
	世耕弘成	経済産業	○	○	
	山本公一	環境大臣	○	○	
	今村雅弘	復興大臣	○	○	
	吉野正芳	復興大臣		○	
	松本純	国家公安		○	
	鶴保庸介	沖縄北方		○	
	山本幸三	地方創生	○		
第三次安倍第三次改造内閣	野田聖子	総務大臣	○	○	
	齋藤健	農林水産	○	○	
	中川雅治	環境大臣	○	○	
	小此木八郎	環境大臣		○	
	松山政司	一億活躍	○	○	
	梶山弘志	地方創生	○	○	
	江崎鉄磨	沖縄北方			
	鈴木俊一	五輪担当		○	
第四次安倍内閣	福井照	沖縄北方	○	○	
第四次安倍改造内閣	石田真敏	総務大臣		○	
	山下貴司	法務大臣	○	○	
	柴山昌彦	文部科学	○	○	
	吉川貴盛	農林水産	○	○	
	原田義昭	環境大臣		○	
	岩屋毅	防衛大臣	○	○	
	渡辺博道	復興大臣	○	○	
	山本順三	国家公安	○	○	
	片山さつき	女性活躍	○	○	
	宮腰光寛	沖縄北方	○	○	
	平井卓也	クール JP		○	
	桜田義孝	五輪担当	○	○	

安倍内閣閣僚の日本会議国会議員懇談会および神道政治連盟国会議員懇談会への所属状況

（重複は省略。兼務は省略して主な役職だけ並べた）
出典：俵義文『日本会議の全貌』『日本会議の野望』（ともに花伝社）

	氏名	職名	日本会議	神政連	備考
第二次安倍内閣	安倍晋三	総理大臣	○	○	神政連議連会長
	麻生太郎	財務大臣	○	○	
	菅義偉	官房長官	○	○	
	新藤義孝	総務大臣	○	○	
	谷垣禎一	法務大臣	○	○	
	岸田文雄	外務大臣	○	○	
	下村博文	文部科学	○	○	
	田村憲久	厚生労働	○	○	
	林芳正	農林水産		○	
	茂木敏充	経済産業	○	○	
	太田昭宏	国土交通			公明党
	石原伸晃	環境大臣		○	
	小野寺五典	防衛大臣		○	
	根本匠	復興大臣		○	
	古屋圭司	国家公安	○	○	
	山本一太	沖縄北方		○	
	森まさこ	消費食品		○	
	甘利明	経済再生	○	○	
	稲田朋美	行政改革	○	○	
第二次安倍改造内閣	高市早苗	総務大臣	○	○	
	松島みどり	法務大臣		○	
	上川陽子	法務大臣		○	
	塩崎恭久	厚生労働	○	○	
	西川公也	農林水産		○	
	小渕優子	経済産業		○	
	宮澤洋一	経済産業		○	
	望月義夫	環境大臣	○	○	
	江渡聡徳	防衛大臣	○	○	
	竹下亘	復興大臣	○	○	
	山谷えり子	国家公安	○	○	神政連推薦
	山口俊一	沖縄北方	○	○	
	有村治子	女性活躍	○	○	神政連推薦
	石破茂	地方創生	○	○	
第三次安倍内閣	中谷元	防衛大臣	○	○	
	遠藤利明	五輪担当		○	

して改憲集会やイベントを推し進めてきた。

そして、これまで改憲運動などであまり表に出ることがなかった神社本庁も、2015年、日本会議が「今こそ憲法改正を！ 1万人大会」を開催して運動を本格化させた頃から、従来はありえなかった露骨な協力を始めた。そのひとつが、初詣でにぎわう神社境内での「改憲署名集め」だったのである。

2 サミットで国家神道の中心「伊勢神宮」訪問の怪

外務省が必死で働きかけた〝各国首脳の伊勢神宮参拝〟

安倍政権下ではすでに、神社本庁、日本会議の意向を露骨なまでに汲んだ政策が実現したケースもある。そのひとつが2016年5月26日から三重県志摩市で行われたG7首脳会議、「伊勢志摩サミット」だ。

安倍政権は伊勢志摩サミット開催前、必死になっていたことがあったらしい。それは、サミットに参加する各国首脳に伊勢神宮を参拝させることだった。

「官邸から各国首脳の伊勢神宮参拝を実現させろ、と至上命令が下っていて、外務省は各国政府と交渉を続けていたようです。当初はファーストレディだけが訪問する、という回答だったのですが、官邸は『首脳本人に参拝させろ』と頑としていうことを聞かない。必死で働きかけた結果、正式参拝はやはり、政教分離に抵触すると拒否されたが、各国首脳全員が内宮の『御垣内』にいき、自由に拝礼するということをなんとか承諾してもらった」（外務省担当記者）

いったい安倍官邸はどういう神経をしているのか。そもそも、皇祖神を祀る伊勢神宮は、戦前・戦中日本を支配していた「国家神道」の象徴である。明治政府はそれまで民間信仰であった神道を、天皇崇拝のイデオロギーとして伊勢神宮を頂点に序列化した。そうすることで、神道を〝日本は世界無比の神の国〟という「国体」思想の装置として、祭政一致の国家主義、軍国主義に突き進んでいったのだ。戦後、国家神道は崩壊したように思われているが、現在でも神社本庁は伊勢神宮を「本宗」として仰ぎ奉り、その復権を虎視眈々と狙っている。

そんな場所にG7首脳を連れて行き、事実上の参拝をさせるなどというのは、開催国特権を利用した、戦前・戦中の「神国日本」復活を国際社会に認めさせようとする行為としか思えない。

そもそも、安倍首相がサミット開催地を伊勢志摩に選定した時点で、伊勢神宮参拝はセットになっていた。もっといえば、安倍首相は伊勢神宮参拝を実現するために、伊勢志摩に決めた可能性が高い。

サミット候補地〝後出し〟だった三重県

もともと、サミットの開催地には、長野県軽井沢町をはじめ、宮城県仙台市や兵庫県神戸市、静岡県浜松市など7つの自治体が、2014年夏の段階で立候補に名乗りを上げていたが、伊勢志摩の名前はなかった。三重県は関係閣僚会議の開催地こそ誘致に動いていたものの、サミット自体については立候補すらしていなかったのだ。その年末には外務省の現地視察も終え、当初は、長野五輪で県警に警備実績がある軽井沢が有力とみられていた。

ところが、2015年にはいると、突如として三重県の鈴木英敬知事が立候補を表明する。これは立候補した自治体のなかでもっとも遅い〝後出し〟だったが、形勢は一気にひっくり返り、伊勢志摩開催に決まってしまったのだ。

サミット会場予定地の賢島《かしこじま》が警備しやすいから選ばれたとの情報も流れたが、これは後付けだ。実際は、安倍首相の「各国首脳を伊勢神宮に参拝させたい」という〝ツルの一声〟で伊勢志摩に決まったのである。

ポイントは15年1月5日、安倍首相が閣僚らとともに伊勢神宮を参拝したときのこと。朝日新聞15年6月6日付によれば、その際、安倍首相が「ここはお客さんを招待するのにとてもいい場所だ」と口にした。これを聞いた首相周辺が、同行していた鈴木英敬三重県知事に「サミット候補地として立候補すればいい。いま直接、首相に伝えるべきだ」と進言したという。

そして、鈴木知事が「今から手を挙げても間に合いますか」と訊くと、安倍首相は「いいよ」と即答したというのだ。

鈴木知事はもともと経産省の官僚だが、第一次安倍政権が発足した際に内閣官房に出向し、参事官補佐という肩書きで教育再生を担当。そして、08年に経産省を退職し、翌年、自民党から衆院選に出馬（落選）している、まさに安倍首相の子飼いと言っていい存在だ。

また、鈴木知事は神社本庁とも非常に深い関係にあるという。

「鈴木知事は育休を取得し『イクメン知事』と呼ばれるなどソフトな印象もあるが、日本会議三重の総会にも参加しており、改憲や復古的傾向の強い若手政治家の政治団体『龍馬プロジェクト』の首長会会長も務めているなど、思想的スタンスは右派。さらに、関西の神社で宮司を務める神社本庁幹部とも親しく、これまでの知事とは比べものにならないくらい神社本庁との距離が近い。神社本庁関連の会合にも頻繁に出かけている」（三重県関係者）

そんなところから、このやりとりは、安倍首相、神社本庁、鈴木知事の三者による出来レースではないかと言われているのだ。

「伊勢志摩サミット、各国首脳の伊勢神宮参拝の計画は、安倍首相と神社本庁幹部の間で話し合われ、進んでいたフシがある。ただ、安倍首相や神社本庁が言い出すわけにはいかないので、両者をつなぐ〝手下〟の鈴木知事に立候補をさせたということでしょう」（官邸担当記者）

透けて見える政権・日本会議・神社本庁の戦前回帰

この背後にはもちろん、彼らに共通する改憲、戦前回帰への野望がある。安倍首相は今、悲願の改憲に向けてさまざまな動きを展開しているが、そのパートナーが日本会議と神社本庁なのだ。つまり、伊勢志摩サミットはこの改憲運動のパートナーへの安倍首相によるプレゼントという意味合いが強いと考えられるのだ。

実際、神社本庁はこのサミットを大歓迎している。機関紙である「神社新報」を見ると、やはり、伊勢志摩サミットを機に勢力拡大につなげようという意識が垣間見える。

たとえば、16年1月1日付では、鷹司尚武・神宮大宮司が〈この（伊勢志摩サミットを）機に日本の文化の真髄ともいへる神道が広く理解され、神宮や神社への関心が昂ることを期待してをります〉と紙面で語っている。また、3月5日に行われた神宮大麻暦頒布春季推進会議でもサミットに触れて、〈外国人参拝者の増加〉や〈国民への神道の理解を促すこととなり、頒布に繋がり得る〉旨を述べていた（3月14日付）。ちなみに、神宮大麻とは〈明治天皇の思召により〉（伊勢神宮公式サイト）全国の神社が頒布している神札のことで、家庭の神棚に祀られる。もちろんそれ自体が有料である。

ようするに神社界から見れば、伊勢志摩サミットは〝布教〟の絶好の機会であるとともに、〝懐〟も潤沢になるというわけだ。

もちろん、サミットでの伊勢神宮参拝は、安倍政権にとっても追い風になる。サミットをきっかけに神社がより存在感を高めれば、改憲運動はさらに広がりを見せるだろうし、国家神道や歴史修正主義への抵抗感を取り除いていくことができる。そして、彼らが最終目標として掲げる、明治憲法的価値観の復権にまた一歩近づくことになる。

実際、このサミットを利用した伊勢神宮参拝の問題を無視し続ける国内メディアとは対照的に、海外メディアからは厳しい指摘がなされている。英紙「エコノミスト」（電子版）は5月21日付で、神政連の政治的影響力の強大さを指摘しつつ、サミットでの伊勢神宮参拝が〈戦前日本の政治家が侵略帝国主義を推し進めるために偽装した神道に対し、G7が国際的信用のお墨付きを与えることになる〉と危惧する。

安倍首相の言う「日本の美しい自然、そして豊かな文化、伝統を世界のリーダーたちに肌で感じてもらえる、味わっていただける場所」なる甘言にだまされてはいけない。伊勢志摩サミットを利用した伊勢神宮参拝は、確実に、安倍政権による戦前回帰の〝隠れざる一手〟なのだ。

3　元号をめぐる神社本庁・日本会議の圧力

新元号の発表を遅らせるよう圧力をかけた日本会議と神政連

２０１９年5月1日、新天皇の即位にともなって、元号が改められる。ところが、この改元でも、神社本庁や日本会議が安倍政権に働きかけをおこない、その意向が反映されていた。

それは、新元号の発表時期だ。当初、新元号は２０１８年夏から秋にかけて閣議決定し、発表される予定だった。官庁や民間のコンピュータシステム改修や文書書式変更の時間確保、カレンダーや手帳などの製作に配慮したためで、安倍首相も２０１８年年頭に出演したＮＨＫの番組で「年内発表」を示唆していた。

ところが、その少し後、「新元号は２０１９年2月におこなわれる天皇陛下の即位30年記念式典後に公表する方向で調整に入った」との報道があり、結局、年内の公表はおこなわれなかった。そして、最終的には、即位の1ヵ月前、4月1日に公表されることが決定されたのだ。

年内に事前公表すれば、国民生活にさまざまなメリットがあったはずなのに、政府はなぜ、4月1日までわざわざ公表日を遅らせたのか。

それはまさに、日本会議と神道政治連盟が動いた結果だった。2018年7月に日本会議国会議員懇談会は「新元号の事前公表」に反対することで一致し、同年8月には新天皇による公布を求めて官邸に申し入れを行っていた（朝日新聞1月5日付）。

また、神道政治連盟の田尾憲男首席政策委員も「日本会議」の機関誌『日本の息吹』8月号に、事前公表は問題だとし、新天皇が即位後に新元号に改める政令を公布せよ、という論文を発表した。

「ちょうどこの時期、山谷えり子、古屋圭司ら日本会議国議懇、神道政治連盟の中心メンバーの自民党議員も官邸を訪れ、菅義偉官房長官と担当の杉田和博官房副長官に『新元号の発表は新天皇の即位後とする』との申し入れ書を手渡しています。ただ、こうした動きのかなり前から、首相補佐官で日本会議国議懇幹事長の衛藤晟一ら、日本会議、神政連系の議員が官邸にものすごい勢いで『年内公表なんてとんでもない』と圧力をかけていた。一方で、官僚からはデータ改修のために年内公表をと懇願され、杉田さんも困り果てていました」（全国紙政治部記者）

だが、こうした状況にもかかわらず、安倍首相は日本会議、神政連サイドの主張に理解を示した。その結果、年内公表は流れ、4月1日という方向になっていったのだという。

「しかも、衛藤氏ら日本会議系の議員は4月1日でも納得せず、政府に圧力をかけ続けていました。表向きは相変わらず『事前公表は皇室の伝統ではない』という主張でしたが、実際の理由は、日本会議と財界団体が政府の記念式典と別に、4月10日に『天皇陛下御即位三十年奉祝感謝の集い』を開催するため、それ以前に新元号を発表されると盛り上がりを欠いてしまう、ということだった。官邸としては、役所のデータ改修期間を考え、1ヵ月前の公表がギリギリのラインだったんですが、しかし、それでも、安倍首相は担当の杉田官房副長官に衛藤さんと話し合ってほしいというだけで、日本会議サイドの要求を拒否しなかった。それで、一時は公表をさらに延長して、日本会議主催の式典翌日、4月11日にするという話がほぼ決まりかけていたんです。最終的には、OSであるWindowsの更新の関係で、4月11日公表だと5月1日の改元当日にデータ改修が間に合わないことが判明したため、4月1日に差し戻しになりましたが……」（前出・全国紙政治部記者）

いずれにしても、こうした日本会議と神政連の時代錯誤的な圧力によって、改元がもたらす国民生活への負担は、軽減するチャンスを完全に逸してしまったのだ。

元号法制化は神社本庁など宗教右派が実現させた

それにしても、日本会議や神道政治連盟はなぜここまで、「元号」、そして「一世一元」に執着するのか。

明治以降、天皇制のイデオローグとして活用された元号は、第二次世界大戦での敗戦で、その法的根拠を失った。日本国憲法下の皇室典範に元号の定めが置かれなかったためだ。当然、こうした法的問題と、戦後の国際化の流れのなかで、「元号を使うのはもうやめて西暦に統一しようではないか」という廃止論も盛り上がった。そして、昭和天皇の高齢化に伴い、「昭和」の元号が終わりを迎える日が刻一刻と近づいていった。

こうした流れに強い危機感を抱き、元号の法制化に邁進したのが、いまの日本会議に繋がる神社本庁をはじめとする宗教右派だった。いま現在、元号は1979年施行の元号法によって法的な地位を得ているが、これは、彼ら極右運動体の〝成果〟であり、日本会議前史における大きな〝成功体験〟として刻まれている。

改めて説明しておくと、1997年結成の日本会議は、生長の家や神社本庁などの宗教右派が実質的に集結した「日本を守る会」（1974年結成）と「日本を守る国民会議」（1981年結成）が合わさって生まれたものである。後者はもともと、この元号法制化運動のための「元号法制化実現国民会議」が前身だ。そして、これらの団体の実働部隊が、現在でも日本会議の中心にいる右翼団体・日本青年協議会（日青協）だった。

元号法制化運動が大きく動いた1977年、日青協が中心となって全国各地にキャラバン隊を派遣する。彼らは同年秋に各地の地方議会で元号法制化を求める決議を採択させる運動に熱心に取り組んだ。

日本会議の機関誌『日本の息吹』２０１７年8月号で、同政策委員会代表の大原康夫・國學院大學名誉教授が「設立20年」をテーマにふりかえるところによれば、元号法制化地方議会決議運動は翌78年7月までに46都道府県、１６３２市町村（当時の３３００市町村の過半数）で決議がなされた。大原氏はこう述べている。

〈地方議会決議を挙げ、中央・地方に全国的組織をつくるキャラバン隊派遣など啓蒙活動を行い、国会議員の会を組織していく。つまり、現在の日本会議の国民運動の骨格であるこの三本柱は、このときに形作られたのです〉

実際、当時の日青協の機関誌『祖國と青年』は、キャラバン隊の運動の詳細や、森喜朗ら政治家を招いた大規模集会の模様を写真付きで大々的に取り上げている。たとえば１９７９年11月発行の43号では、キャラバン隊の西日本隊長だった宮崎正治氏が憲法改正を見据えて「吾々の運動の大きな前進」「元号法成立による自信の表明」と胸を張っている。

日本会議や神社本庁が元号にこだわる理由、その先にある改憲

だが、周知のように、日本の元号はオリジナルな伝統ではない。もともと大陸から伝播したとされ、語源が『漢書』など中国の史書からとられていることは有名だ。

ましてや「一世一元」などというのはたかだか明治以降の話にすぎない。『日本書紀』によると、孝徳天皇の「大化」（646年）が初めての公式な元号だとされる。元号は現在の「平成」まで北朝を入れると約250もつくられた。日本の天皇は明仁天皇で125代に数えられている。つまり、単純換算で元号は天皇の人数の2倍の数ある。

なぜか。元号は、政治的混乱、飢饉や天災、その他諸々の理由をつけては頻繁に変えられていたからだ。大衆は必ずしも元号を身近に感じておらず、日常的には干支を使っていたといわれている。

現在に通じる「一世一元」は明治に入ってから、大日本帝国憲法および旧皇室典範（第12条「践祚の後元号を建て、一世の間に再び改めざること、明治元年の定制に従う」）によって定められた。天皇を絶対的な権力として、大衆支配のイデオロギーの中心とする「国体思想」。そのなかにおいて改元は、まさに天皇の権勢をアピールするための重要なツールだったのである。そして、この部分にこそ、安倍首相や日本会議がいまだに元号にこだわる理由がある。

彼らは、明らかに元号法の制定の先に、戦前の天皇制や国体思想の復活をみている。

生長の家系の出版社である日本教文社から1977年に刊行された『元号　いま問われているもの』という本がある。そのなかに竹内光則氏、佐藤憲三氏という日青協の運動家ふたりの対談（初出の『祖國と青年』に加筆したもの）が収録されているのだが、そこでは「元号法制化の意味するもの」と題して、あけすけにこう語られている。

「元号法制化運動の一番根源的な問題は、天皇と国民の紐帯をより強化する、天皇の権威をより高からしめるというところに一番の眼目がある」

「われわれの元号法制化運動は、たんに元号を法制化したらそれで良いという単純な運動ではないわけですね。彼（引用者注：右翼思想研究でも知られる橋川文三氏のこと）が言う様に、『天皇制をとりまく付帯的な事実』としての元号とか、たとえば『神器』の問題とか、そういう戦後の象徴天皇制の下で無視もしくは軽視されて来た問題を復活せしめて行くことによって、『国体恢復』への『大きな流れ』をつくる運動なんだということが理解されなければならないと思うんです」

わたしたちが、なんとなく受け入れてしまっている元号は、右派の元号法制化運動をみてもわかるように、戦前日本の天皇制と国体思想、すなわち民衆を戦争に駆り立てた狂気の発想の復活を目したものに他ならないのである。

しかも、それは神社本庁をはじめ現在の日本会議につながる宗教右派勢力を勢いづかせた最初の成功体験であり、彼らはいま、その方法論をもって、改憲運動を展開している。

4　日本会議の会員勧誘の実態を公開

日本会議ブームとテレビが伝えなかった深部

神社本庁＝神道政治連盟がかかわってきた政治運動をみていると、必ずといっていいほど、日本会議の存在がある。

それも当然だ。何度も指摘しているように1997年結成の日本会議は、神社本庁などの宗教右派が集結した右翼団休「日本を守る会」（1974年結成）を母体としており、その後も、神社本庁からバックアップを受けながら、右派的政治運動の実行部隊的な役割を担ってきた。

その日本会議が、ここ数年、にわかに注目を集めている。2016年に入ってからは菅野完『日本会議の研究』（扶桑社）を皮切りに、上杉聰『日本会議とは何か』（合同出版）、俵義文『日本会議の全貌』（花伝社）などの検証書籍が相次いで出版され、週刊誌も毎号のように特集を組むなど、一種の〝日本会議ブーム〟といってもいい状況が生まれた。

象徴的だったのが2016年7月の参院選だった。投票日の夜に放映された選挙特番で各局がこぞって日本会議を取り上げたのだ。たとえばテレビ東京は、日本会議神奈川の総会を取材。

キャスターの池上彰が神社を訪れ、日本会議と神社本庁、そして改憲の署名運動などを行うダミー団体「美しい日本の憲法をつくる国民の会」などの運動の模様を報じた。

フジテレビでは、三重の日本会議四日市支部を取材し、会員の声を伝えた。また、前年、菅義偉官房長官が安保法制を合憲とする憲法学者のひとりとして名前をあげた、日本会議の中心メンバーである百地章日本大学教授へのインタビューなどを放送。安倍首相との中継のなかでは司会の宮根誠司が「日本会議は安倍さんにとってどんな存在なんですか？」と聞く場面もあった（安倍首相は苦笑いしながら軽くいなして、宮根もそのまま追及することなく終わったが）。

そしてテレビ朝日では、参院選自民党候補者の山谷えり子氏の決起集会に、日本会議政策委員で安倍首相のブレーンのひとりと言われる伊藤哲夫氏（日本政策研究センター代表）や、日本会議を事実的に取り仕切っていると指摘されている椛島有三事務総長が出席している模様を放送。取材で椛島事務総長から「（日本会議として山谷氏を）推薦している」「（支援は）全国各地で」「（動員も）できるでしょうね」というコメントを引き出し、日本会議の会員が山谷氏の選挙運動を手伝う模様も放送した。

各局ともに、日本会議とはいかなるものかを全国区のテレビ放送で報じた意義は少なくはないだろう。しかし残念ながら、その深部まで伝えることはなかった。

たとえば前述した日本会議の研究本では、椛島氏、伊藤氏、百地氏らがかつて宗教法人「生長の家」の学生部として民族派学生運動を展開していたことや、日本会議の役員には神社本庁や佛所護念会、モラロジー研究所など宗教団体の幹部が多く名を連ね、宗教右派が結集していることなどを記している。また、われわれはその目指しているものが改憲だけでなく、教育観や家族観も含めた完全な戦前復古であり、徴兵制なども視野に入れていることを指摘してきた。

しかし、日本会議を特集した3つの選挙特番はいずれも、こうした日本会議の右翼性やカルト性については深く踏み込まなかった。このへんがやはりテレビ局の限界なのだろう。選挙が終わって安倍自民党を支える極右団体の存在にようやく触れたが、政権からにらまれるような批判はできない、そういう自主規制のにおいがただよっていた。

テレビで放送中止になった日本会議の勧誘音声

実際、ある在京キー局の選挙特番は、日本会議の勧誘の実態を物語る音声データを入手し、直前まで放送を予定しながら、突然それを中止していた。

この放送予定だった音声データというのは、他でもないわれわれが提供したもの。2016年2月、リテラの記者の携帯電話に、日本会議の事務局から有料会員の勧誘電話がかかってきていた。この記者は2015年11月、日本会議の関連人物が多く関わる改憲推進団体「美しい日本の憲法をつくる国民の会」が主催する「今こそ憲法改正を！　1万人大会」に参加していた。日本会議はこうした団体のイベント参加者の個人情報を使って片っ端から勧誘の電話をかけているようだった。

しかも、この勧誘をめぐるやりとりのなかで、日本会議の事務局職員は安倍首相を絶賛し、〝お試し改憲〟の戦略を自慢げに語り、さらには、なんと結婚を戸主の許可制にすべきというトンデモ主張まで展開していた。

記者はこの会話を録音しており、リテラはそのやりとりを「日本会議から勧誘の電話がかかってきたのでやりとりを全公開！〜」というタイトルで公開。記事は大きな反響を呼んだ。

そして5ヶ月後、参院選公示日の直前になって、あるテレビ局の選挙特番ディレクターからリテラ編集部に対して、「選挙特番でその音声データを使わせてほしい」というオファーがあったのだ。

われわれは日本会議の危険性とトンデモ思想を広く知らしめることになるなら、と提供を承諾。ディレクターとの打ち合わせも済ませ、音源の使用する箇所やテロップの内容も決定、あとは放送を待つのみといった状態になった。

ところが放送前日の夜、突然、そのディレクターから「使えなくなりそうだ」とのメールが入り、そのままこの部分はカットされてしまった。現場以外の部署から、土壇場でストップがかかったのだという。

　まさにわれわれが日頃から問題にしているテレビ局の過剰な自主規制を、ナマで体験したかたちだ。本来なら、このテレビ局と番組名を明かすところなのだが、リスクを冒して踏み込んだ権力批判報道をやろうとした番組やディレクターが局内で苦しい立場に追い込まれることは本意ではないので、匿名にしておく。

　しかし残念なのは、日本会議の事務局のファナティックな発言と勧誘の手口を全国放送の電波に乗せることができなかったということだ。


記者が日本会議事務局から受けた勧誘の一部始終

　このテレビ局がボツにした幻の日本会議勧誘の音源を、以下に再現しよう。リテラの記事ではカットした部分も追加したので、この機会に、日本会議のカルト極右ぶりを再確認してもらいたい。

　なお、できるかぎり忠実なかたちで再現するために、註釈を入れる場合はカッコで表していることをご了承いただきたい。

日本会議　もしもし、日本会議です。その節は（「美しい日本の憲法をつくる国民の会」1万人大会に）どうもご参加ありがとうございました。日本会議は常日頃、尖閣諸島をはじめとした日本の領土をなんとしても守りながらですね、戦後最大の課題でありますす憲法改正と教育の正常化という問題に全力で取り組んでるんですがね。

記者　あの、ちょっと、すみません。今お話しされている方は日本会議の……？

日本会議　事務局でございます。

記者　職員のかたですか？

日本会議　ええ。あの、この度、待望の安倍内閣によりましてね、これら憲法、教育等の戦後の諸問題の総決算したいというので、日本会議は全力で取り組んでるんですがね。Aさんには、安倍内閣による憲法、教育、領土に対するこの取り組みをですね、どのようにご覧になってますか？

記者　僕個人がですか？　それはあの……。

日本会議　私はこの安倍内閣で憲法改正が実現しませんでしたらね、日本はまた4、50年間できないんじゃないかと思っております。

記者　な、なぜですか。

日本会議　それらしき人材がいないというところでございます。少なくとも、私は戦後70年というとてつもない長い時間をかけてね、憲法が議論の俎上にあがったのは今回が初めてだと思います。まあ、歴史的にいえば岸内閣のときにちょっとはでましたけどね。これもすぐ終わってしまいました。それから中曽根内閣のときにちょっと憲法議論がでましたけれども、これも終わりました。すくなくともこれで3年、4年にわたって憲法を改正しようという内閣は今回が初めてだと思いますね。

記者 はあ。あの、それだけ安倍内閣を日本会議は評価しているということなんですか。

日本会議 評価していますね。

記者 歴代内閣のなかで一番、日本会議の悲願にマッチしているというふうに考えているんですか。

日本会議 一番マッチしているというよりも、初めてマッチしたということでしょうね。いままで議論にならなかったわけですよ。一応いま議題にあがってきていますよね。それは戦後70年経過して初めての現象だと思います。いままでにはございません。

記者 はあ。たしかに結構、いまの国会でも憲法改正に前向きなことを安倍首相は言ってましたよね。

日本会議 言ってます。それに対してすぐに昨日(2月8日)、大江健三郎以下の9条の会が反論してますね。

記者 ちなみに、9条の会さんの活動は、日本会議として反対なんかしてるんですか?

日本会議　あの、反対ということは表明しておりません。私どもは憲法を改正すべきだという立場で訴えております。彼らのいうことをですね、封じ込めるというつもりはありませんでね。彼らは彼らの考え方で主張しているんでしょうから、それは尊重しなければならないと思います。ただ、どちらが日本の国の将来にとっていいのかということになると、私はいまの憲法を改正したほうがいいだろう、と。それが私たちの立場でございますね。

記者　僕もその、憲法改正の大会に興味があったので、参加したんですけども、日本会議さんの憲法改正の一番の目玉っていうのは、やっぱり第1条（天皇条項）なんですか？

日本会議　最終的にはね、日本の国にふさわしい自主憲法を制定すべきだと思います。

記者　前文も含めて？

日本会議　前文も含めて。ただね、いまの安倍内閣で全部それができるかといったら、なかなかそうはいかないですよ。したがいまして、いますぐに目指すのはですね、たとえば98条ですかね、（衆参での憲法改正の国民投票発議を）3分の2条項を2分の1にするとかですね。

記者　98でしたっけ、96でしたっけ？（実際には憲法96条）

日本会議　それから、あー、緊急事態条項を加味するとかね。いうようなところがまず、それも個々の問題ですけれども、いまの安倍内閣にまず期待したいところはですね、70年間開かずの扉の憲法を開けるというところに意味があると思います。これは開かずの扉で、錆びついてるんですよ。世界中にこんなものはありませんわね。それで、9条の会をはじめとしてですね、日本の憲法については一切手をふれてはならん、と。いうような状況が続いてきたわけですけれども。

記者　ちょっと、ごめんなさい。扉を少し開くっていうのは、96条とかあるいは緊急事態条項とかそういうところから改正をしていって、本丸は日本国憲法で9条とかが非常に特殊だから、あるいは1条とか、あるいは前文とか、そういうものを漸次的に変えていきたいと考えているということですか?

日本会議　あの、まあ、どのへんのところでどうなるかはわかりませんけれども、最終的にはね、自主憲法制定でございます。

記者　あ、ちなみにこのお電話っていうのは、あれですか、あの集会に参加された方全員に電話されているんですか?

日本会議　あの集会に参加した人のですね、約3分の2は会員でございますから。残りの人に、このような日本会議の運動にご賛同いただけたらですね、ぜひ、会員としてご協力をお願いしたい、と。

記者　あ、じゃあ会員になってくださいっていうひとつの……

日本会議　そうです。そのお願いの電話です。

記者　なるほど。でも、会員になる話の前に憲法の話をされていましたけれども、それはなんでですか？

日本会議　こういう私どもの考え方にですね、まったく反対の人に加入を勧めても無理ですわね。

記者　まあ、そうでしょうね。

日本会議　だから少なくとも共通するものは、憲法改正であり教育の正常化であり、尖閣をはじめとした日本の領土を守ろうと、こういう共通認識の方であればですね、私どもと一緒に手を携えてその方向に進もうではありませんか、と。

記者　確認なんですけど、あの集会って、美しい憲法をっていうあれ（＝「美しい日本の憲法をつくる国民の会」）で。いま、電話をいただいているということは、あれは日本会議が実際には事務局となってやっているということなんですか。

日本会議　そういうことですね。ただ、あえてそういうもの（＝別の名称）をつけたのはですね、憲法改正というものはもっと幅広く訴えたいんですわね。そのために、「美しい日本の憲法をつくる会」というのを組織したわけです。

記者　いま、憲法改正に関しては個人的に思うことがいろいろとあるんですけども、あの集会は憲法改正の集会だったと（私は）理解しているんですね。

日本会議　そうですね。

記者　でも、お話を聞いていると、尖閣の防衛の問題だったりだとか、あるいは教育の問題だったりとか。ここでいう教育の問題というのはあれですよね、国歌とか……

日本会議　あの結局ね、教育を本当の意味で正常化しようと思ったら、憲法を改正しないと正常化できないんですよ。尖閣をはじめ国を守ろうということになれば、いまの憲法のままでは守れないと思います。だから、憲法に行き着くんですよ。たとえばいま少子化という問題がありますよね。これだって憲法に行き着きますよ！　結婚は両性の合意のみでできるなんてことはね、そもそもこれはね、日本の国にふさわしくないですわね。その考え方の条文のなかにはね、先祖とか一族とか同族とかという家族といいますかね、そういう思想が抜けてしまったわけですよ。たとえばね、私はそれに戻れとは言いませんけども、戦前はですね、戸主の認可が必要だったわけです。両性の合意だけでは結婚できなかったんです。

記者　ああ、戸籍の主、ようするにお父さんとかですよね。

日本会議　そう、いわばお父さんです。ですが、いま、戦後はですね、お父さんが反対しようと叔父さんが反対しようと、誰が反対しようと、二人だけがいいって言えば、結婚できるようになっちゃったわけですよ。だから、そういうものがね、行き着く先が、いまの「結婚をしようがしまいが自由じゃないか」と。「子供なんか産もうが産ままいが自由じゃないか」と。自由、自由、自由に基づいてみんな楽を求めてですね、少子化につながってしまった。

記者　はあ、なるほど……。個人的には少子化に関しては、いろいろ経済や福祉の問題が非常に大きいと思うんですけど、まあそれはさておき、ようするにそういった父権的な明治のような戸籍制度が、日本会議としては復活すべきだと、憲法に織り込むべきだと考えているわけですか？

日本会議　というよりも、家族というものをね、バラバラにしちゃったのが、いまの憲法のなかには、そういう精神があるわけですよ。マッカーサーの考えでしょうね。日本を弱体化して、またアメリカに歯向かうようなことがないためにはですね、家族が強固なもので結ばれていたんじゃあそうはいかないということで。家族解体ですね。

記者　それはバラバラにしようという（意図をＧＨＱが持っていた）？

日本会議　そうですね。マッカーサーの考えでしょうね。日本を弱体化して、またアメリカに刃向かうようなことがないためにはですね、家族が強固なもので結ばれていたんじゃあ、そうはいかないということでね。家族解体ですね。

記者　９条とかもそう（日本会議は考えているの）ですか？

日本会議　９条も当然ですね。

（略）

日本会議　だから、そういう意味も含めてね、いまの全ての諸問題は、全部私は憲法に行き着く。そうすると、先ほど言いましたように、一部分手直ししただけではね、根本的な問題解決にはならないですね。そうすると最終的には日本の国にふさわしい新憲法の制定ということになるんですけれども、それがいますぐ安倍内閣できるかといえば、私はそうはいかないと思います。したがって、70年間開かずの扉をまず開けてですね、憲法というのは時代に即して変化するもんなんですよ、ということを国民の認識を改めてもらうというのがまず入り口だと。

記者　なんだか、礒崎陽輔総理補佐官（当時）も同じようなことをおっしゃってましたよね。たしか、「お試しで改憲する」だとか。

日本会議　はい、そうですね。はい。

記者　日本会議としてもとりあえず、憲法を変えてみるというところで、国民のアレルギーといいますか、拒否反応をなくしていこうということですか。

日本会議　そういうこと。そういうことですね。

記者　それで運動を展開されている。

日本会議　はい。そういう日本会議の運動にですね、ご理解をいただけましたら、ぜひ会員になっていただきたい。

いかがだろうか。結婚を戸主の許可制にするという野望の時代錯誤もさることながら、「〝お試し改憲〟で国民のアレルギーをなくしていく」というのは、まさに安倍政権のやり方と完全に一致している。

2016年の参院選で改憲勢力は発議に必要な3分の2議席を確保し、現在に至るが、今後、安倍政権は緊急事態条項など国民の抵抗感が薄そうなものから着手し、次第に憲法全体をあの自民党憲法改正草案のような復古的なシロモノに作り変えようとするのは間違いない。

第5章

神社本庁と戦前回帰、そしてヘイト

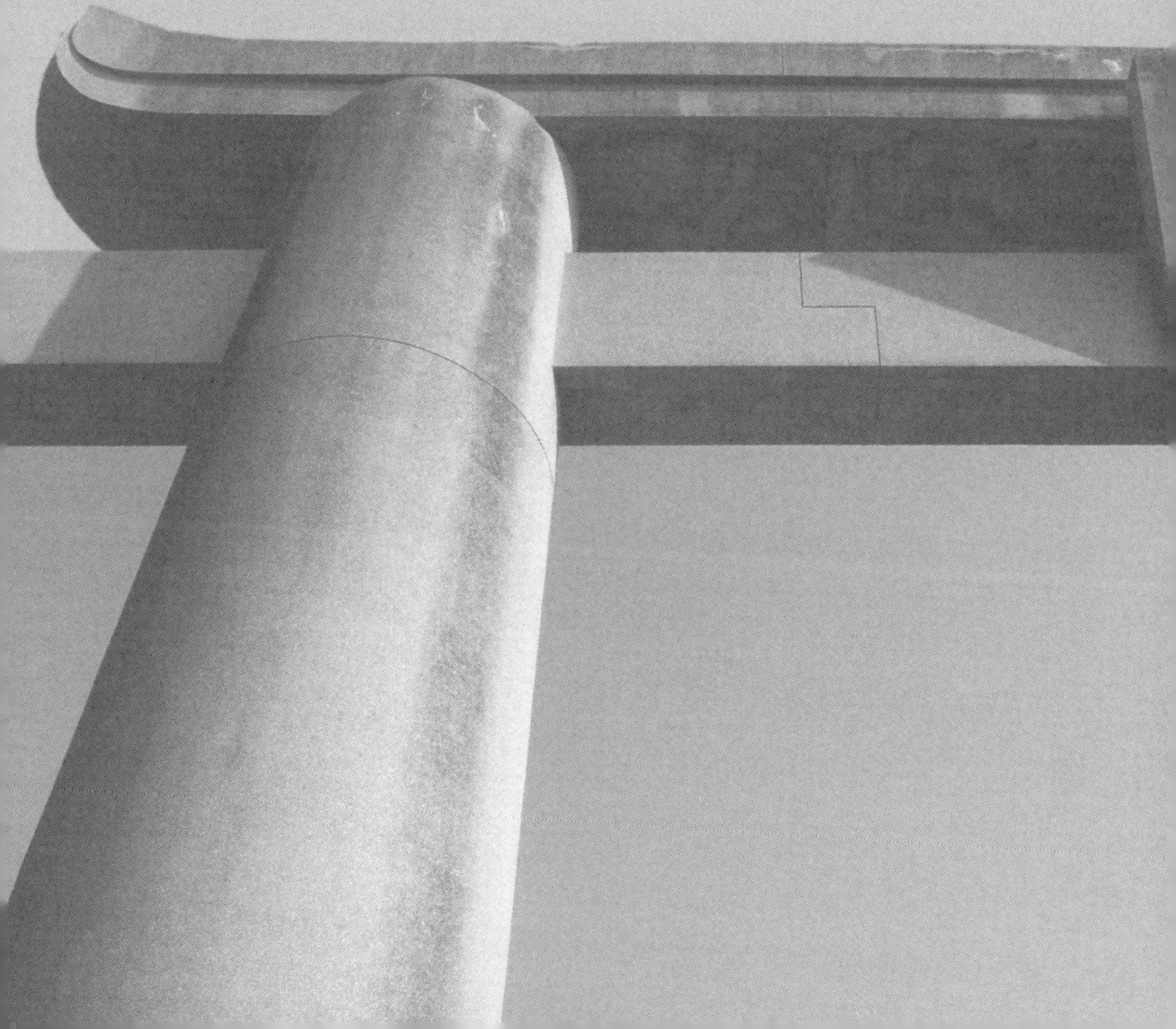

1　神社本庁は国家神道復活を狙っている

「神社新報」に掲載された〝祭政一致と絶対君主制復活〟の主張

第4章では、神社本庁＝神道政治連盟が日本会議と連携して改憲運動に邁進、神社の境内で改憲署名までおこなってることを指摘した。だが、神社本庁が改憲に血道をあげる目的はいったいなんなのか。

もちろん、神社本庁が、9条の改正や国家の権限の強化、基本的人権の制限、家族条項など、安倍自民党と同様の志向を持っていることはいまさら説明するまでもない。しかし、その先にはもっと、恐ろしい目的がある。

それは、彼らの内部向けの文書や発言などを検証してみるとよくわかる。たとえば、神社本庁の機関紙的役割を担っている「神社新報」２００８年10月27日付の「憲法の基礎となる神道精神を考える」という記事のなかで神道政治連盟の田尾憲男・首席政策委員は、憲法改正する目的として、こう力説していた。

「そこで重要となるのが統治権の総攬者としての天皇の地位恢復。つまり、祭り主としての天皇陛下が国家統治者として仁政をおこなうとともに皇室祭祀を継承することで、表の政治機能と裏のお祭りが一体となって国が治まる。政治には党利党略や権謀術数がつきものだが、それを祭りの精神で正しい方向に導かなければならない。陛下にはそのお導きのお働きがある」

「陛下がご質問をされるだけで総理や大臣、政治家などに反省を促すことができる。政治家が陛下のお気持ちを重んじ、国民のために何がよいか党利党略を超えたところで考えるようにしなければならない。陛下は何が国民にとってよいか、あるいは皇祖皇宗がどういうことを期待しているのか、祭祀の中で神々と接して悟っていかれる。それが政治に反映され、党利党略や謀略に走りがちな政治を清らかなものに正していくという働きを陛下にしていただかないと真の精神復興はできない」

天皇の「統帥権」復活論まで主張した神道政治連盟首席政策委員

祭り主としての天皇が政治における決定権も握る。この主張はまさに、祭政一致、絶対君主制の復活ではないか。

この時代に信じがたい主張だが、「神社新報」はこれにともない、新憲法では軍の「統帥権」を天皇に帰属させるべきだという主張もたびたびおこなっている。

「統帥権」とは軍隊の最高指揮権のこと。大日本帝国憲法第11条には「天皇ハ陸海軍ヲ統帥ス」とあり、天皇の統帥権が規定されていた。師団数や艦隊など軍の規模（兵力量）の決定も天皇に帰属していた。

1930年、ロンドン海軍軍縮条約調印で時の浜口雄幸内閣は、条約に反対する海軍軍令部を押さえて調印したが、野党や軍部の強硬派、右翼団体などは天皇の統帥権を侵害した「統帥権干犯」だと激しく批判、浜口首相は国家主義者に銃撃されることになる（のちに死亡）。以後、政党政治は弱体化。また、軍部が「統帥権」を楯に政府を無視して〝天皇の軍隊〟として暴走を始めるきっかけになった。

戦後は、自衛隊の最高指揮権は内閣総理大臣にある（自衛隊法7条）。これは、軍部が暴走した戦前の教訓から、国民により選出された国会議員より選ばれた内閣総理大臣によるシビリアン・コントロール（文民統制）といわれるものだ。しかし、神社本庁はこのシビリアン・コントロールすらも否定するのである。

そこには、祭政一致国家が突き進んだアジア・太平洋戦争で、日本人だけでも330万人が犠牲になった反省はまったく感じられない。しかし、田尾首席政策委員は先の記事でこうした批判も次のように一蹴している。

「（こうした地位恢復は）皇室に対して却って迷惑ではないか、天皇が政治的に利用されるのではないか、軍部が台頭した戦前の失敗が繰返されるのではないか、などの危惧があるようだが、この考えこそ現憲法を作った占領軍の発想そのものであり、敵国の思想に基づく戦後教育の影響下で改憲を考えているということに過ぎない」

こうした論文をよむと、神社本庁の改憲の最も重要な狙いが〝天皇による絶対君主制、祭政一致の復活〟であることがよくわかるだろう。

神社本庁の真の目的は「国家神道の復活」

しかし、これは驚くに値しない。なぜなら、神社本庁という組織自体が、祭政一致と一体である「国家神道」復活を目的に作られた団体といってもいいからだ。

国家神道というのは、いうまでもなく、日本の近代化にともなって推し進められた神道国教化政策のことだ。天皇にいっさいの価値をおくことで近代国家の統合をはかろうとした明治政府は、神道をその支配イデオロギーとして打ち出す。そして、そのために神社を国家管理の下におき、地域に根付いて多様なかたちをとっていた神社を、伊勢神宮を頂点に序列化し、民間の神社信仰を皇室神道に強引に結びつけ、天皇崇拝の国教に再編成していった。

この国家神道から、国民には天皇への絶対的な忠誠が強要され、日本だけが他の国にはない神聖な国のあり方をもっているという「国体」という観念が生まれた。そして国体は八紘一宇という思想に発展し、侵略戦争を正当化していった。つまり、国家神道は「現人神」の天皇の下、軍国主義、国家主義と結びついて、第二次世界大戦へと突き進む思想的支柱だったのである。

しかし、1945年、太平洋戦争で日本が敗戦すると、GHQは信教の自由の確立を要求。神道指令を発布し、国家と神社神道の完全な分離を命じた。神道は民間の一宗教法人とされ、その後公布された日本国憲法では、第20条の1項と3項で厳しく政教分離が定められた。

〈1．信教の自由は、何人に対してもこれを保障する。いかなる宗教団体も、国から特権を受け、又は政治上の権力を行使してはならない。〉

〈3．国及びその機関は、宗教教育その他いかなる宗教的活動もしてはならない。〉

神道を民間の一宗教法人として存続させることは認めたものの、徹底した政教分離によって、国家神道を廃止させようとしたのだ。

こうした動きに対抗するように、神社関係者が1946年に設立したのが、宗教法人神社本庁だった。その目的は明らかに、国体と国家神道思想の温存にあった。

宗教学の権威・村上重良はその著書『国家神道』（岩波新書）でこう書いている。

〈神社本庁は、庁規に『神宮ハ神社ノ本宗トシ本庁之ヲ輔翼ス』（第六十一条）とかかげ、伊勢神宮を中心に、全神社が結集するという基本構想に立って設立された。これは、国家神道の延長線上で、神社神道を宗教として存続させようとするものであった。〉

〈神社本庁の設立によって、国家神道時代の天皇中心の国体と神社の中央集権的編成は、形を変えただけで基本的に神社神道は宗教として存続することになった。〉

自民党改憲草案にあった国家神道復活の布石

1960年代に入ると、神社本庁は政治への関与を強めていく。1969年に神道政治連盟、1970年に神道政治連盟国会議員懇談会を設立する。村上は当時、こうした動きをこう批判している。

〈しかも、反動勢力と結ぶ神社本庁の指導者層は、民主主義を敵視して時代錯誤の国家神道復活を呼びかけ、この主張を、傘下の七万八千余の神社に上から押しつけることによって、神社神道が、みずからの手で自己を変革する可能性を封殺しているのである。〉

だが、神社本庁はこうした批判には目もくれず、1974年には生長の家などとともに、日本会議の前身である右翼団体「日本を守る会」を結成。本格的に改憲に向けた運動を開始する。神道政治連盟所属の自民党議員を通じて、改憲の具体的な内容についても、自民党に働きかけるようになった。

実際、自民党が2012年に発表した憲法改正草案には、明らかに神社本庁などの宗教右派が働きかけた条項がある。それは、天皇の地位を「象徴」から「元首」に改める第1条。そして、政教分離を定めた第20条の改正案だ。

20条1項と3項は、自民党改正草案では、こうなっている。

〈1．信教の自由は、保障する。国は、いかなる宗教団体に対しても、特権を与えてはならない。〉

〈3．国及び地方自治体その他の公共団体は、特定の宗教の為の教育その他の宗教的活動をしてはならない。ただし、社会的儀礼又は習俗的行為の範囲を超えないものについては、この限りでない。〉

現行憲法は宗教団体が「政治上の権力を行使」することを禁じているが、2012年の自民党案20条1項では、その部分を削除している。つまり、宗教団体が「政治上の権力を行使」することが可能になるのだ。また、3項の「社会的儀礼又は習俗的行為の範囲を超えないものについては、この限りでない」というのも、神道にのみ政治活動への一体化を容認するものといっていいだろう。

ようするに、神社本庁が一体となって推し進めている改憲の最終目的は、神道国教化、国家神道の復活なのである。

しかし、神社本庁は、この危険極まりない改憲を何も知らない初詣客に賛同するよう呼びかけまでおこなった。

卑劣なことに、件の署名用紙には、祭政一致、国家神道復活の目的などは一切書かれていない。それどころか、現在の憲法がどのように変わる可能性があるのか自体、まったく記述がないのである。「賛同署名のお願い」と題されたそのA4の用紙に書かれているのはこれだけだ。〈憲法の良い所は守り、相応しくなくなった所は改め、憲法の前文に日本らしさを表現し、美しい国土を守り、家族が心豊かに生活できる社会をつくりましょう。誇りある日本と子供たちの未来のために…〉

日本らしさ、美しい国土、家族が心豊かに……そんな抽象的な美辞麗句を並べ立て、なんとなくポジティヴな印象だけ与えて署名を募っているのだ。神社本庁が目論む本質は隠されたまま、署名の〝数〟だけを増やし、その数を既成事実として改憲の機運を拡大させていくつもりなのだろう。

はたしてこんなことが許されるのか。改めて言うまでもなく、神社というのは、そのへんの新興宗教団体とはわけがちがう。初詣、七五三、夏祭り、秋祭りなどは、大衆の生活に根付き、それこそ「社会的儀礼又は習俗的行為」となっている。そこに、無音で改憲という最も大きな政治イシューを持ち込み、説明もないまま賛同の署名をさせようとする。このやり方はほとんど詐欺ではないか。

2　マイルドな「教育勅語」の現代語訳の詐術

教育勅語復権を目指す動き

森友学園問題をきっかけに「教育勅語」にスポットがあたり、保守派の政治家やコメンテーターからやたら「教育勅語は悪くない」という発言が飛び出すようになったが、この「教育勅語は悪くない」論の横行には、日本会議や神社の詐術が大きな役割を果たしている。

「教育勅語は親孝行しよう、友だちを大切にしよう、夫婦仲良くしよう、一生懸命勉強しましょうと説いているもの。当たり前の道徳、いいことを書いているだけではないか」と、教育勅語復活論者たちは口をそろえる。たしかに、教育勅語には〝12の徳目〟とされるものが書かれており、11番目までは親孝行や兄弟、夫婦仲良くなどと、まあごくありがちな道徳が書かれている。

しかし、最後の12番目には〈一旦緩急アレハ義勇公ニ奉シ〉とあり、さらに〈以テ天壌無窮ノ皇運ヲ扶翼スヘシ〉と続く。これは「国家のために勇気をもって身命を捧げ、永遠に続く天皇の勢威を支えよ」という意味だ。

しかも、文章の構造を検証すると、そこまでの「当たり前のいいことが書いている」という徳目も、「以テ～」以下にかかっており、すべての道徳が天皇を支えるという目的のために存在していることがわかる。まさに教育勅語は、天皇中心国家を確立し、国民に天皇のために命を投げ出す教育をするためにつくられたスローガンだったのである。

では、なぜそのことを無視して、「当たり前にいいことを説いているだけ」などと平気で言いはるのか。

実は、教育勅語復活論者の多くがもちだす「現代語訳」にその秘密がある。戦後まもないころから教育勅語の復活を訴えている明治神宮のＨＰに掲載されている現代語訳。冒頭はこういう風に始まる。

〈私は、私達の祖先が、遠大な理想のもとに、道義国家の実現をめざして、日本の国をおはじめになったものと信じます。〉

しかし、これは実際の教育勅語とは似ても似つかないものだ。この部分に該当する教育勅語の原文は〈朕惟フニ我カ皇祖皇宗國ヲ肇ムルコト宏遠ニ徳ヲ樹ツルコト深厚ナリ〉、つまり「私が思うに、皇室の先祖である天照大御神が国を始めた遠い昔より、皇室はずっと徳を積み上げてきた」というもの。明治神宮の現代語訳にある「道義国家」に該当する言葉は一切出てこず、かわりに天照大御神を始祖とする皇国史観丸出しの文言が書かれている。

決定的に違う箇所は他にもある。それは教育勅語の核心である12番目の徳目〈一旦緩急アレハ義勇公ニ奉シ〉から〈以テ天壌無窮ノ皇運ヲ扶翼スヘシ〉へ続く部分。前述したように、これは「国家のために勇気をもって身命を捧げ、永遠に続く天皇の勢威を支えよ」という意味だが、明治神宮の現代語訳では、〈非常事態の発生の場合は、真心を捧げて、国の平和と安全に奉仕しなければなりません〉とあるだけ。「義勇」を「真心」と置き換える訳にもかなり違和感があるが、それよりもっと驚くのは、〈以テ天壌無窮ノ皇運ヲ扶翼スヘシ〉の現代語訳、つまり「永遠に続く天皇の勢威を支えよ」という箇所がすっぽり抜け落ちていることだ。

いや、この部分だけではない。実は明治神宮の現代語訳では、教育勅語の肝である「天皇のため」「皇室のため」という言葉は一切出てこず、他の表現もことごとくソフトになっている。明らかに教育勅語が天皇支配強化、神格化という目的をもっていたこと隠すための詐術と思われるが、しかし、こうした現代語訳を採用しているのは、明治神宮だけではない。明治神宮のＨＰに掲載された現代語訳の末尾には「国民道徳協会訳文による」との注釈がつけられている。つまり、訳文は明治神宮のオリジナルでなく、「国民道徳協会」という団体の訳によるものだ。

そして、「教育勅語は悪くない」と復活を主張する多くは、なぜか決まってこの国民道徳協会の訳文を持ち出すのだ。森友学園事件で話題になった渦中の塚本幼稚園も、田母神俊雄氏もこの国民道徳協会の訳文を使っている。産経新聞の阿比留瑠比記者も、やはりこの訳文を提示して「どこが悪いのか」とがなりたてていた。

稲田朋美元防衛相も国民道徳協会の訳文を根拠にしているひとりだ。稲田氏は国会で「教育勅語の精神を取り戻すべき」という過去の発言を問われ、「教育勅語の核である、例えば道徳、それから日本が道義国家を目指すべきであるという、その核について、私は変えておりません」と答えていたが、教育勅語の原文に載っていない「道義国家」という言葉を核として使ったのは、国民道徳協会の訳文に基づいているとしか考えられない。

見えてくる〝日本会議人脈〟

では、この国民道徳協会というのはなんなのか。何か公的な団体かと思いきや、そうではなかった。国民道徳協会は、戦後から１９６０年代頃まで自由党、自民党所属の国会議員だった佐々木盛雄なる人物がつくった団体で、佐々木氏は『甦る教育勅語』（１９７２）という著書を自家出版しているのだが、その版元として表記されているのがこの国民道徳協会だ。そこに書かれていた訳文がもっともらしく「国民道徳協会訳」として広まっているのだ。

佐々木氏は戦前、報知新聞記者で論説委員まで務め、戦時中は海軍大本営に従事。戦後、政治家に転身すると、ゴリゴリの右派として鳴らし、「学生暴動が起きるのは、教育勅語を廃止したせい」「家制度を廃止したから日本は弱体化した」「諸悪の根源は占領憲法」「国益を無視した個人の権利を主張するようになって一億総無責任」「マスコミは偏った思想を押し付けている」「日本は食糧難なのに朝鮮人、韓国人に生活保護を与えている、強制送還しろ」「デモを規制しろ」などと、現在、日本会議が主張するのとほぼ同じような内容を、50年以上も前にがなりたてていた。

この教育勅語の現代語訳もそのゴリゴリ右派の佐々木氏が、教育勅語を復活させるために意図的に天皇や皇室の部分を隠したマイルドな訳をつくり、それを発表したと考えられる。しかも『甦る教育勅語』では12番目の徳目について「身命を捧げ」と訳しているのを、明治神宮HPでは「真心を捧げ」とよりマイルドにしている。

実際、佐々木氏は『甦る教育勅語』のまえがきで「今日となっては、政府による正式復活は、悲しいかな不可能に近いだろう。だから、せめてわれわれ民間人の手によって、日本人の心の中に、在りし日の栄光と、権威を復活したいと念じるのであって、それが本書の目的」とつづっている。

しかし、議員引退後の佐々木氏は、評論、著述活動をしていたとはいえ、世間的には有名な存在ではなかったし、高い学術的見識があったわけでもない。著書も自費出版らしきものがほとんど。なぜそんな人物の、自費出版本に載っているだけの訳文がここまで広まっているのか。

日本近現代史研究者の長谷川亮一氏はこの「国民道徳協会」訳の流布について、「発表直後に明治神宮発行のパンフレットによって広く知られることになったのみならず、一九七九年頃からの神社本庁や『日本を守る会』等を中心とした教育勅語キャンペーンにおいても広く採用され、あたかも定訳であるかのような扱いを受けることになった」と日本思想史研究会で報告している。

「日本を守る会」というのは、1974年に発足した、神社本庁、生長の家などが中心となって運営していた宗教右派団体で、日本会議の前身で、明治神宮も参加していた。そう、この訳文の普及には、あの日本会議につながる人脈が介在していたのだ。

しかも、その関係はたんに普及に協力したというレベルではない。問題の訳を作成した佐々木氏はもともと、「生長の家」創始者の谷口雅春氏と非常に近い関係があった。現在の日本会議の中心に、谷口氏の路線に心酔していた「生長の家」元信者たちが入り込んでいることは知られているが、佐々木氏はその頃の生長の家がつくった右翼組織「日本青年協議会」の機関誌『祖國と青年』にもたびたび登場している。さらにさかのぼると、生長の家の出版部門である日本教文社から本を出版。その中で「尊敬する谷口雅春先生」と記してもいる。谷口氏のほうも明治憲法の復元を主張する著書『私の日本憲法論』のなかで、佐々木氏の著述を引用している。

さらに両者の関係を裏付けるのが、「道義国家」という言葉だ。前述したように、この言葉は教育勅語の原文には一切該当箇所がないにもかかわらず、国民道徳協会の現代語訳に唐突に出てくる。「道義国家」という言葉自体は、戦前、軍部のクーデターにも関与したアジア主義者・大川周明が生み出したものだが、谷口雅春はじめ生長の家関係者は、戦後、侵略戦争や、国民の人権制限を正当化する大義名分としてこの言葉をしきりに使っていた。そして、いまも日本会議の関係者が使う典型的なタームとなっている。

たとえば、日本会議会長の田久保忠衛氏は、2016年7月13日の日本外国特派員協会での会見で「道義国家を目指す」と語り、外国人記者たちが意味がとれず困惑する一幕があった。また神道政治連盟も「世界から尊敬される道義国家、世界に貢献できる国家の確立」を掲げている。そして、極右路線時代の生長の家の思想に心酔している稲田元防衛相も先述したように、この言葉を国会答弁で持ち出した。

つまり、この現代語訳は谷口雅春に影響を受けた人物によってつくりだされ、谷口の熱心な信者たちが普及させ、そしていま、安倍政権でふたたび日本会議の関係者によって教育勅語復活のツールとして活用されはじめているのだ。いわば、いま流通している国民道徳協会の訳文は、日本会議をはじめとする右派勢力の組織ぐるみの詐術的訳文といってもいいだろう。

透けて見える〝「家族」から「国家」へ〟

しかも、気をつけなければならないのは、この教育勅語が現代語訳によってソフトになったからといって、彼らが目指しているものがソフトになったわけではない、ということだ。

彼らがめざしているのは、いまも、天皇、国家のために命を投げ出す国民を育てることだ。実際、稲田自身も、新人議員時代には『ＷｉＬＬ』（ワック）で「教育勅語は、天皇陛下が象徴するところの日本という国、民族全体のために命をかけるということ」と発言。国民に命を捧げさせる教育勅語の精神を復活させるべきと主張していた。

ただし、それを直接的に言葉にすると、国民からは拒否される。そこで、そういった箇所をすべて隠し、親孝行などの徳目を前面に出し、言葉を「真心」などといったソフトなものに変換して目くらましをしているのだ。

当の安倍首相の側近中の側近が、その手口を思わずもらしたことがある。憲法改正についての自民党プロジェクトチームの会合（２００４年、第９回会合）で、加藤勝信氏がこんな発言をしたのだ。

「個人・家族・コミュニティ・国という階層のなかで、日本人は国も捉えているのではないか。したがって、急に国に奉仕しろといわれても飛びすぎて、まず家族・コミュニティに奉仕をする延長線上のなかに国に対する奉仕も位置づけたほうがなじみやすいのではないか」

自民党や日本会議などの右派勢力はいま、国民を国家に奉仕させるために、まず「家族」への意識から変えさせようとしている。最近の教育勅語復活の動きや、憲法に家族条項を創設しようという動きはまさにその一環といえるだろう。

しかも、これは今から130年近く前に行われたやり口でもある。あのときも、日常に親しまれた「親孝行」などの徳目を利用して国民を戦争に動員させていったのだ。

最後にもう一度言っておく。マイルドな訳文を使って「教育勅語は親孝行などの当たり前の道徳、いいことを書いているだけ」などと甘言を弄する連中に騙されてはならない。

3　神社本庁「日本人でよかった」ポスターのお粗末な裏事情

「私　日本人でよかった。」

ここまでみてきただけでも、神社本庁のいう「伝統」や「日本の誇り」「愛国」などが、いかに実体のないご都合主義的なものであるかわかっていただけたと思う。しかも、その言動は年々劣化し、2017年には、彼らがネトウヨなみの薄っぺらさしかもっていないことを証明するような騒動も起こしてしまった。それが、「私　日本人でよかった。」のポスターをめぐる騒動だ。騒動の最中、実はこのポスターのモデルの女性が「日本人」ではなく中国人だったということが明らかになった。

念のため振り返っておくと、「私 日本人でよかった。」のポスターとは神社本庁が２０１１年に制作したもの。

背景には日章旗、アップにされた女性の頬の丸いチークも日の丸を連想させ、下部には「誇りを胸に日の丸を掲げよう」との文言。あまりに直球な「国威発揚」と、「日本人」であることへの無条件な優越感、そして「日本人」以外を下に見る差別的主義をまき散らすこのポスターは、２０１７年の4月ごろからツイッター上で「京都のあっちこっちにあった」との報告があり、にわかに話題となったのだ。

ところが、そのなかで、女性の写真がアメリカの画像代理店「ゲッティ・イメージ」が販売する素材だった事実がネット上で指摘され、「Buzz Feed Japan」や「ハフポスト」などのメディアが追跡。そして、ハフポストが〈ポスターに使われた写真を撮影したLane Oatey さんが5月10日、「モデルは中国人で間違いない」と断言した〉と報じたことで、当時、一種の炎上的な勢いで盛り上がったのである。

実にトホホな話である。というのも、神社本庁は普段、もっともらしく「日本民族固有の精神性」とか「万世一系の天皇を戴く特別な国」というふうに主張し、ナショナリズムを喚起しようとしているが、このポスターの騒動でわかったのは、実際にはその素材自体がグローバル市場で流通されたものであって、ましてや「私 日本人でよかった。」なるコピーも〝張りぼて〟でしかなかったという事実だ。

そもそも、このポスターは制作からすでに6年も経過していたが、これを各神社に6万枚も配ったという神社本庁の関係者は、誰一人、モデルが「日本人」ではなく中国人であることに気がつかなかったことになる。

いったいどの口で〝日本人の固有性〟なるものを喧伝しているのか呆れざるをえないが、ようするに、彼らが浸透させようとしているナショナリズムが、偏狭かつ差別的なだけにとどまらず、いかにテキトーに生み出したものであるかがはっきりわかる。少なくとも〝張りぼて〟の「日本人でよかった」から飛躍して「日の丸を掲げよう！」とするその言い分に、説得力などかけらもあるまい。

日本の戦争犯罪を忘却させるための「日本でよかった」論

しかし、これを単なる笑い話で終わらせてはならないだろう。

戦前・戦中日本の表象文化に関する著作などで知られる、編集者の早川タダノリ氏は、著書『「日本スゴイ」のディストピア　戦時下自画自賛の系譜』（青弓社）のなかで、〈「日本人に生まれてよかった」論は「日本スゴイ」言説の小さからぬ一角をなしている〉と分析している。

周知のとおり、この「私　日本人でよかった。」ポスターだけでなく、いま現在、テレビでも書店でも、同種の粗雑なコピーや「日本スゴイ」コンテンツが跋扈《ばっこ》している。そういったことを踏まえると、むしろ神社本庁の一件は、「日本スゴイ」への拘泥がどんな危険性をはらんでいるか、あらためて解き明かす鍵になるのではないか。

外国人が日本の文化を絶賛するバラエティが高視聴率を稼ぎ、日本人の国民性を絶賛する新書やムックが好調な売れ行きを見せているが、それらは、たとえ何冊売れようが、何かに承認されなければ満たされない小さなプライドをくすぐるための〝愛国ポルノ〟にすぎない。しかも、そうした文脈で語られる「日本スゴイ」が、中国や韓国、または「非日本人」への憎悪を伴っていることが少なくなく、かなりたちが悪い。

前述の早川氏は、2017年に刊行された『徹底検証　日本の右傾化』（塚田穂高・編／筑摩書房）によせた論考「『日本スゴイ』という国民の物語」のなかで、具体例をいくつもあげながら、このように記している。

〈これまで見てきた「日本スゴイ」本には、いわゆる「自虐史観」からの脱却というイデオロギーが共通して流れているのを見て取れる。この手の論者たちの中に「大日本帝国の侵略戦争を真摯に反省しなければならない」という人を、私はまだ見たことがない。逆に、「大東亜戦

争で日本はアジアを解放した」から「日本スゴイ」という本ならばたやすく揚げられる。〉

〈アジアからの「感謝の声」を押し出して「大東亜戦争はアジア解放戦争だった」と主張するのは、かつて「日本を守る国民会議」と「日本を守る会」系のびと（のちに日本会議として合流）が開催した「アジア共生の祭典」（一九九五年）でも活用されていた手法で、とにかく海外から日本賞賛の声を集めたいという必死さが目につく。〉

過去の「日本スゴイ」ブームは戦争の直前に生まれていた

これは、わかりやすい歴史修正本だけの話ではなく、あらゆる「日本スゴイ」系の裏に潜んでいる問題だ。つまり、「日本」や「日本人（民族）」の連続性を強調、あるいは印象づけ、視点を過去に向けさせたうえで、それを「スゴイ」と褒め称えるうちに侵略戦争や人権侵害などの負の歴史をうっちゃる。そういう構造が見え隠れしている。

事実、繰り返しになるが、例の「私 日本人でよかった。」ポスターを制作した神社本庁も、日本会議や安倍政権と足並みをそろえて、戦前復古的な運動に邁進している団体のひとつである。

また、早川氏は前述の論考のなかで、1931年の満州事変以降の出版界にも「日本スゴイ」本ブームが襲来し、その数年後に日中戦争や国民精神総動員運動が始まったことを指摘している。

早川氏によれば、当時の『出版年鑑』（東京堂）から日本哲学、国家・国体論、政治一般などのジャンルで日本主義・日本精神論の書籍を調べたところ、１９３１年に18冊だったそれが、翌32年には41冊、33年には54冊、34年には56冊と爆発的に増加したという。「過去に学ぶ」とは本来、こうした地道だが有意義な検証作業を指すはずだ。

いずれにせよ、こうした「日本スゴイ」コンテンツの跋扈は、政治や国際環境の大きなうねりのなかで生まれ、国家ぐるみで推進される。２０１７年には、明治期の国づくりなどを題材とした映画やテレビ番組の制作を政府が支援するという〝国策映画事業〟の方針が報じられ、経産省が発表した「世界が驚くニッポン！」なるコンセプトブックでは、「あなたは日本がこんなにも注目されていることを知っていますか？」から「虫の〝声〟が聞こえる日本人」まで、あらゆる「日本スゴイ」系コピーが乱造された。

〈「日本スゴイ」コンテンツを、もはやエンタテインメントのレベルだけで語るわけにはいかない。この二〇年間で再発見された「国民意識」形成のイデオロギーが、私たちのすぐ身近に迫っているのだ。〉（前掲『「日本スゴイ」という国民の物語』）

そう早川氏が述べるように、この種のイデオロギッシュな自画自賛と自己陶酔は、「万邦無比の神の国」を自称したあの頃に酷似している。言うまでもなく誇大広告で、日本は破滅寸前まで暴走した。

翻って、第一次政権で「美しい国」を掲げた安倍晋三首相は、教育基本法を60年ぶりに改正して「愛国心条項」をぶち込み、2012年末には総裁として「日本を、取り戻す。」と雄叫びをあげた。その後のなりふり構わぬ政権運営は周知のとおりだ。

奇しくも、安倍政権と同調する神社本庁による「私 日本人でよかった。」ポスターが〝張りぼて〟だと露見したことは、彼らの煽るナショナリズムがあまりにお粗末であることを示した一方、この国の暗い将来を予見しているようにも思える。いずれにしても、安倍政権と極右団体が牽引する「日本スゴイ」プロパガンダを警戒するにこしたことはない。

4 ヘイト神社宮司と安倍首相

安倍首相がヘイトスピーチ連発の宮司を大絶賛

2013年3月、安倍首相はある自費出版本に推薦文を寄せた。『わが祖国日本への戀文』という本で、著者は奈良県吉野にある吉水神社の宮司・佐藤一彦氏。吉水神社は世界遺産にも登録された由緒正しい神社だ。

この本の巻頭2ページに、安倍首相が「推薦のことば　安倍晋三」というタイトルの文章を寄せ、こう佐藤氏を絶賛している。

〈「戀文」は、佐藤宮司の魂の日記ですが、戦後失われた「日本人の誇り」をテーマとして、自分の国は自分達が守らなければならないという強い意志を感じます。世界一の日本人、世界一の国家をめざして進むための道標となることと思います〉

佐藤氏は山口県小野田市出身で、安倍首相と同郷だというが、現役の首相が個人の書籍にここまできちんとした推薦文を書くというのは、相当に親しい関係だと推測される。

おどろきのヘイトスピーチ連発

ところが、『サンデー毎日』（毎日新聞社）２０１４年11月23日号の「『ヘイトスピーチ神社』過激暴言！」によると、この安倍首相が絶賛する佐藤宮司は、右派市民団体の会長を務めており、過激なヘイトスピーチを発信している人物なのだという。

佐藤氏は「世界遺産の吉水神社から『ニコニコ顔で、命がけ！』」というタイトルのブログを開設しており、『わが祖国日本への戀文』はそれをまとめた本なのだが、このブログが世にもおぞましいヘイトスピーチのオンパレードなのだ。

『サンデー毎日』は、佐藤氏がこんな文言を書き綴っていたと指摘する。

〈共産支那はゴキブリと蛆虫、朝鮮半島はシラミとダニ。慰安婦だらけの国〉

〈韓国に旅行する馬鹿はいなくなった。在日韓国人に対して日本人の親近感は消えた！〉

〈『中国人を皆殺しにしよう』と発言！『よく言った！』と世界から拍手！〉

〈これから夏になれば、汚いダニや南京虫が出やすい、早期退治が必要であり、水際でやっつけなければならない〉

〈（中国人が）わが国を食いつぶす日は近いと思います。ダニも最初に退治しないとどんどん増殖します〉

〈支那人は『世界一汚い民族』だと、日本人は思い始めた！〉

〈韓国人とは宇宙人だと思って付き合え！〉

〈韓国人は整形をしなければ見られた顔ではない〉

〈日本人で韓国に観光に行ったり、韓流ドラマや韓国人の歌を聴く者は『馬鹿かアホ・ボケ・カス・スカタン』しかいなくなった〉


由緒正しい神社の宮司が「ゴキブリ」や「蛆虫」など、ナチスと同じ人種差別発言を繰り返し、中国人のジェノサイド（大量虐殺）を肯定する発言までしていたのである。

また、リテラがブログを確認してみたところ、『サンデー毎日』がとりあげたブログ記事はほとんど消去されているか閲覧制限がかけられているようで、見ることができるものは少なかったが、それ以外にもこんな文章がまだいくつも残っていた。
〈世界が知っている「澄み切った目＝日本人」「狡猾な目＝韓国人」「凶暴で油断できない目＝中国人」（中略）いくら「整形」してもすぐに見破られる国民性〉（2014年1月17日）
〈韓国人の整形は「コンプレックス民族だから」しかたがない だが・・・中年から顔が崩れる。　生まれた子の顔は、他人に似ている。　韓国人は「恨み」「妬み」「劣等感」の暗い性格だ。だから、死ぬまで自分の顔に満足しない・・　作り変えては崩し　造り替えては崩し、創り代えては崩す。　整形外科医は儲ける・・乱立する〉（2014年1月30日）
〈今では中国や韓国を訪れる日本の若者は「馬鹿かキチガイ」だけになってきた。〉（2014年2月19日）
〈「アンネの日記」を破って喜ぶのは、「中国・韓国人」か？　この悪質な犯罪の目的は「日本の信用」を失わせようとする　怨恨的犯行である。〉（2014年3月1日）
〈韓国人が「プーチン殺せ」のネットロシア軍の報復 ロシアのプーチンを叩きつけた韓国民に　ロシアはミサイル攻撃で応えるだろう！　そうしないとプーチンは物笑いにされる（中略）ロシアと韓国が戦争しても日本は韓国を見捨てる。　多くの日本人は韓国と国交を断絶したいと願い・・・　ロシアのミサイル攻撃を応援するだろう。（中略）プーチン氏はもっと怒るべきだ！〉（2014年3月1日）

もう十分だろう。韓国人や中国人の容姿や性格を侮蔑表現で攻撃し、犯罪を無根拠に中国、韓国になすりつけ、あげくはロシアに韓国へのミサイル攻撃を求める……。しかも、『サンデー毎日』によると、この宮司は在特会の活動を紹介・擁護し、一方、在特会側も佐藤宮司が会長をつとめる右派団体のデモを告知するなど、同調している可能性があるという。

安倍首相とヘイト勢力

佐藤宮司は『サンデー毎日』に対して2014年11月12日のブログで〈取材もせず想像や伝聞で記事を作られた（中略）「言論の自由」を大きく侵害し　公共の福祉に反することのない個人の日記にまで　報道機関が「基本的人権」の侵略行為は　断じて許せません（中略）サンデー毎日に対して　弁護士をたてて　1億3000万円の損害賠償を求める予定です〉と反論しているが、少なくとも佐藤氏の発言のいくつかが人種差別撤廃条約に違反し、国際社会の定義するヘイトスピーチにあてはまることはまちがいない。

そして繰り返すが、安倍首相はこんな発言をしている人物を「魂の日記」「戦後失われた日本人の誇りをテーマ」「自分の国は自分達が守らなければならないという強い意志」と絶賛しているのだ。『サンデー毎日』も指摘しているように、国際社会から「安倍首相もヘイトスピーチを支持している」と受け取られてもしかたがないだろう。

というより、安倍首相や首相に近い政治家たちは、実際にこうした極右ヘイト勢力とずっと蜜月の関係を築いてきた。選挙の際には彼らから支援を受け、彼らの主催・動員する集会に嬉々としてかけつけ、講演を行ってきたのだ。

それは、在特会やネオナチに限らない。本書で繰り返し指摘してきたとおり、安倍首相が会長を務める「神道政治連盟国会議員懇談会」の母体である神社本庁は、国家神道の復活、祭政一致をめざす極右団体。国家神道が内包する国粋主義思想は排外主義とも表裏一体のものだ。佐藤宮司のようなヘイト思想も決して、神社本庁や国家神道と無関係の個人的なものなどではなく、その延長線上にある。

そう考えれば、安倍首相が佐藤宮司の書籍に推薦文を寄せたことも、けっして偶然ではないだろう。むしろ、安倍政権自体がこの極右思想を掲げる組織と一体になっていることの証左にほかならない。

あとがき

未曾有の混乱の最中にある神社界。

神社本庁という宗教法人に、近年、これほどスポットライトがあたったのは、やはり、安倍政権の存在が大きいだろう。

本書でも触れたように、第二次安倍政権以降、閣僚のほとんどが日本会議、そして神道政治連盟の議連に所属している事実が取り沙汰されてきた。そして、その〝右向け右〟の政策の多くが、彼らの望みを叶える方向に進んでいる。そうしたことから、神社本庁もまた、安倍首相への影響力を及ぼしているものとして注目を浴びたのだ。

その一方で、「神社本庁は政権を裏で操るほどの、力をもつ組織ではない」という指摘があることもまた事実だ。たしかに、財政面や選挙での直接的動員力という部分において、現在の神社本庁に国政選挙でその意向をフルに反映させる能力があるかと言えば、否だ。「安倍政権は神社本庁のマリオネット」と表現したとしたら、やはり過大評価だろう。

しかし、それは、神社本庁が日本会議らと連携して行っている運動を「たいしたものではない」と唾棄する理由にはならない。むしろ逆だ。なぜ、安倍首相は伊勢志摩サミットで、各国代表に神社本庁が「本宗」と仰ぐ伊勢神宮を参拝させたのか。なぜ、閣僚たちは揃いも揃って教育勅語を礼賛するのか。そしてなぜ、神社で堂々と改憲の署名集めが行われているのか。

それらが、人々が自然と受け入れている「神社」や「伝統」のイメージを借りただけの、極めて政治的なアプローチであることは、読者もお気づきだろう。

神社の多くはもともと習俗的な存在であり、土着的な信仰とともにあった。明治政府はそれまで民間信仰だった神道を、国家神道として国教化。全国の神社や神職は、天皇崇拝のイデオロギーとして伊勢神宮を頂点に序列化、国家機関として再編される。大衆支配の装置として利用された。

戦後、国家神道は崩壊したように思われているが、現在も神社本庁は復権を夢想している。一般社会においても、十分に相対化されているとは言い難い。明治政府によってつくられたフィクションが、日本古来の習俗や伝統のように誤解されていることも少なくない。

政治権力が手にしたいのは、本当の意味での「伝統」や「聖なるもの」それ自体ではなく、その「庇護者」であると大衆に印象付けることだ。まして自らが「伝統」や「聖なるもの」である必要もない。実際、神社本庁も靖国神社も、そして安倍政権も、一皮剥けば、カネと権力欲とエゴイズムの塊だ。

神社に人々が抱くパブリックイメージと神社本庁の思想性はあまりに乖離している。気をつけねばならないのは、そのギャップの見えづらさである。

社会の右傾化が叫ばれて久しく、安倍政権は改憲へと突き進んでいる。決して、神社本庁の危険性を看過するべきではないのだ。

初出一覧

すべてニュースサイト「LITERA（リテラ）」（https://lite-ra.com）より。いずれも本書収録にあたり、大幅な加筆編集を加えた。

第1章　靖国神社の不穏な動き
1　仰天！　靖国神社宮司の天皇批判
靖国神社宮司が天皇批判！「天皇は靖国を潰そうとしている」…右派勢力が陥る靖国至上主義と天皇軽視の倒錯（2018年10月10日）
2　靖国神社〝職員有志〟のグロテスクな本音
天皇批判の宮司だけじゃない、靖国神社〝職員有志サイト〟の凄い中身！「大東亜戦争は正義」「陛下の首に縄をつけて…」（2018年10月28日）

第2章　神社本庁とカネ
1　神社本庁の不動産不正取引疑惑と職員の内部告発
神社本庁で森友問題そっくりの疑惑の不動産取引！「皇室」ファン雑誌販売をめぐり幹部の利益誘導疑惑も浮上（2017年7月25日）
2　不正疑惑の責任とらない神社本庁・田中恆清総長
スクープ！神社本庁・田中総長が辞意を撤回して居直り！背景に不動産不正取引など数々の疑惑を隠蔽する大きな力が（2018年10月9日）

3　日本レスリング協会と神社本庁の知られざる関係
伊調馨パワハラで揺れる日本レスリング協会のもっと深い闇！　会長が神社本庁の不透明な〝中抜きビジネス〟に関与（2018年3月6日）

4　神社本庁が鎮守の森を原発に売り飛ばし！
神社本庁が安倍の地元で鎮守の森を原発に売り飛ばし！　反対する宮司を追放（2014年10月19日）

第3章　神社本庁の強権支配

1　富岡八幡宮殺傷事件と神社本庁の女性差別
富岡八幡宮殺傷、姉弟の祖父は「日本会議」前身団体の中心メンバーだった！　背景に神社本庁の男尊女卑体質か（2017年12月9日）
富岡八幡宮殺傷事件・富岡茂永容疑者が「日本会議」初の支部長として歴史修正主義運動に邁進していた過去（2017年12月15日）

2　富岡八幡宮事件の容疑者と日本会議
富岡八幡宮殺傷、姉弟の祖父は「日本会議」前身団体の中心メンバーだった！　背景に神社本庁の男尊女卑体質か（2017年12月9日）

3　現役の神社宮司の真っ向批判
現役の神社宮司が「日本会議や神社本庁のいう伝統は伝統じゃない」「改憲で全体主義に逆戻りする」と真っ向批判（2016年6月1日）

第4章　神社本庁、日本会議と改憲運動

1　全国各地の神社が初詣客を狙って改憲の署名集め
全国各地の神社が初詣客を狙って改憲の署名集め！　日本会議・神社本庁が指令、戦前復活の目的を隠す卑劣な手口（２０１６年1月５日）

2　サミットで国家神道の中心「伊勢神宮」訪問の怪
サミットで国家神道の中心「伊勢神宮」訪問はなぜだ？　安倍首相が改憲と戦前回帰を目論みゴリ押し（２０１６年5月25日）

3　元号をめぐる神社本庁・日本会議の圧力
新元号に安倍首相の「安」の字が入る⁉　極右勢力が「国体思想の復活」を目指し法制化した元号の危険性（２０１９年1月31日）

4　日本会議の会員勧誘の実態を公開
日本会議特集を組んだテレビの選挙特番が自主規制でカット、「日本会議事務局の会員勧誘録音テープ」の内容を全公開！（２０１６年７月12日）

第5章　神社本庁と戦前回帰、そしてヘイト

1　神社本庁は国家神道復活を狙っている
在特会より危険⁉　安倍内閣を支配する極右団体・神社本庁の本質（２０１４年10月18日）

2　マイルドな「教育勅語」の現代語訳の詐術
籠池、稲田だけじゃなく小籔千豊も「教育勅語のどこが悪い」ならば教えよう、教育勅語はここが悪

い！（2017年3月13日）
籠池や稲田が持ち出した「教育勅語」の現代語訳は〝偽物〟だった！ 作成したのは元生長の家シンパ（2017年3月14日）

3 神社本庁「日本人でよかった」ポスターのお粗末な裏事情

神社本庁「日本人でよかった」ポスターはウソだった！ 極右と安倍政権が煽る「日本スゴイ」ブームの危険を再検証（2017年5月11日）

4 ヘイト神社宮司と安倍首相

中国はゴキブリ、韓国はダニ！安倍首相がヘイトスピーチ連発の宮司を大絶賛（2014年11月14日）

「リテラ」神社問題取材班
2014年7月にオープンしたニュースサイト「LITERA（リテラ）」（https://lite-ra.com）にて、日本の右傾化や歴史修正主義の動向を検証するチーム。
本書は、同チームによる、神社本庁や靖国神社、国家神道、日本会議などに関する記事を、加筆のうえ再編集したもの。

【カバー写真】
神社本庁：Association of Shinto Shrines, Shibuya-ku Tokyo Japan. by Wiiii (commons.wikimedia.org) Under a Attribution-ShareAlike 3.0 Unported (CC BY-SA 3.0)
富岡八幡宮：J6HQL／PIXTA

ニュースが報じない神社の闇——神社本庁・神社をめぐる政治と権力、そして金

2019年4月5日　初版第1刷発行

著者 ——「リテラ」神社問題取材班
発行者 —— 平田　勝
発行 —— 花伝社
発売 —— 共栄書房
〒101-0065　東京都千代田区西神田2-5-11出版輸送ビル2F
電話　03-3263-3813
FAX　03-3239-8272
E-mail　info@kadensha.net
URL　http://www.kadensha.net
振替 —— 00140-6-59661
装幀 —— 佐々木正見
印刷・製本 —— 中央精版印刷株式会社

ISBN978-4-7634-0874-7 C0036